宗教
人类学

陈进国◎主编
王超文◎执行主编

ANTHROPOLOGY
OF RELIGION
(Vol.8)

 第八辑

社会科学文献出版社
SOCIAL SCIENCES ACADEMIC PRESS (CHINA)

作者简介

〔德〕柯若璞（Philip Clart），德国莱比锡大学教授。

李琼花，英语语言文学硕士，厦门大学外文学院副教授。

梁恒豪，宗教学博士，中国社会科学院世界宗教研究所副研究员，《宗教心理学》主编。

李华伟，哲学博士，中国社会科学院世界宗教研究所副研究员，《宗教社会学》主编。

梁永佳，人类学博士，浙江大学社会学系求是特聘教授、人类学研究所所长。

李向平，历史学博士，华东师范大学社会学系教授。

曹南来，人类学博士，中国人民大学佛教与宗教学理论研究所教授。

尕藏加，中国社会科学院世界宗教研究所研究员。

邱永辉，四川大学国际关系学院教授、四川大学中国南亚研究中心首席专家。

杨德睿，人类学博士，南京大学社会学院人类学研究所教授。

卢成仁，人类学博士，厦门大学社会与人类学院教授。

邢婷婷，社会学博士，上海财经大学人文学院副教授。

张　超，人类学博士，兰州大学西北少数民族研究中心副教授。

吴文文，文学博士，闽南师范大学文学院教授。

王丽慧，中医学博士，上海中医药大学内经教研室讲师。

贺　霆，旅法人类学家，西学中医成果研究会秘书长。

贾舞阳，社会学博士，中国青年政治学院青少年工作系讲师。

陈粟裕，文学博士，中国社会科学院世界宗教研究所副研究员。

目　录

Contents

◎ Overseas Perspectives

◎ Book Reviews

◎宗教生态论

专题按语

1999 年，梁家麟在《改革开放以来的中国农村教会》一文中提到宗教生态失衡问题。2002 年，中国社会科学院世界宗教研究所课题组（曹中建、金泽、张新鹰、陈明、陈进国）的《福建民间信仰调研报告》（未刊稿）明确提出了"宗教文化生态平衡"问题。其后，牟钟鉴（2006）、陈进国（2008）、段琦（2008）、陈晓毅（2008）、魏德东（2009）、张新鹰（2009）、何慧丽（2011）、孙砚菲（2014）等学者先后开展了较为系统的论述。高师宁、李向平、李华伟、柯若璞、黄海波等开展了针对性的学术批评。本专题重点刊出诸位学者针对"宗教生态论"的再讨论、再反思。

论"宗教生态论"作为研究中国宗教多样性的新模式[*]

〔德〕柯若璞（Philip Clart）著　李琼花 译　梁恒豪 校

2011 年，高万桑（Vincent Goossaert）和宗树人（David Palmer）发表了里程碑式的作品——《当代中国的宗教问题》。（他们的）新研究涉足此前很大程度上被忽视的学科领域（如民国初期的宗教政策，关于1978 年后中国的民间信仰、佛教、道教、基督教的田野调查），圆满呈现了 20 世纪中国的宗教生活，该书使这样的综合性田野著作成为可能。虽然书名采用单数格式，但实际上 20 世纪中国宗教史上存在着诸多问题，从"宗教"这个概念，乃至其与"迷信"之别，以及宗教的地位，不一而足。即便仅关注最近 30 年的发展，"宗教问题"也是多元的，例如中国大陆试图批判性地体现宗教的特定含义，并把原先被排除在宗教生活以外的领域——如民间信仰等也囊括其中[①]，再如重新开始关注儒教的宗教性质之争等。[②] 就中国台湾而言，启发当前研究的一个主要问题就是宗教组织在

---

[*]　本文译自柯若璞的文章 "'Religious Ecology' as a New Model for the Study of Religion Diversity in China"，Schmidt-Leukel, Perry & Gentz, Joachim eds., *Religious Diversity in Chinese Thought*, New York: Palgrave Macmillan, 2013。个别段落略有删节，特此说明。

[①]　"Conceptualizations of 'Popular Religion' in Recent Research in the People's Republic of China," 文章提交至 "研究新视界：妈祖与华人民间信仰国际研讨会"，Hsinkang（新港），May 22–23, 2010。

[②]　参见 "儒教即宗教" 立场的支持者在争论中的概述：李申：《儒教与儒教研究》，金泽、邱永辉主编《中国宗教报告（2009）》，社会科学文献出版社，2009，第144~160 页。

1987 年之后民间社会的作用，这个问题也在中国大陆学界日益得到重视。①

然而，当今中国学者和政策制定者面临的首要"宗教问题"，无疑是 1978 年改革开放以后宗教生活的惊人复苏，尤其是这种复苏的不均匀分布以及结构分层。这其中涉及诸多现象，最迫在眉睫的就是基督新教的快速增长，尤其是基督教私设聚会点的形式，其中又以乡村地区为甚。

本文讨论的是针对这一现象的一种理论研究的独特方法，即"宗教生态论"，一种相对于另外一个理论阵营——"宗教市场论"而言的研究方法。笔者将追溯生态论模式的（最近）起源，探究如何将其运用于田野调查，并评价其分析价值以及对制定政策能起到的潜在规范性作用。

一　宗教生态论模式

宗教生态论的拥趸者指出，该理论发端于香港神学家梁家麟（Leung Ka-Lun）1999 年的出版物。他在对中国农村新教的传播研究中认为：中国对民间宗教信仰的政策扫除了 1949 年以前基督徒改教的主要障碍。②虽然当时还没有发展为羽翼丰满的"宗教生态论"视角，但是他的确引入了一个主要的解释因素，受到 21 世纪初对基督教在农村迅猛发展忧心忡忡的学者的热烈拥护。

"宗教生态论"这一术语作为标题出现在当代话语中，最早是因为中央民族大学哲学与宗教学学院牟钟鉴教授于 2006 年发表的《宗教文化生态的中国模式》一文，③ 其要义可概述为：简要援引人类学家斯图尔德的文化生态学概念④，提出将之用于研究文化和自然环境之间的互动关系，还提出将

---

① 参见高丙中和马强《从草根组织到公民社会组织：河北龙牌会案例研究》、刘澎《论宗教参与社会服务领域机制的发展问题》，载《中国宗教的社会科学研究：方法、理论和发现》（莱顿：博睿出版社，2011）。亦见高丙中《民间文化与公民社会：中国现代历程的文化研究》，北京大学出版社，2008。

② 梁家麟：《改革开放以来的中国农村教会》，建道神学院，1999。中国社会科学院世界宗教研究所课题组、陈进国执笔《本土情怀与全球视野——赣、湘、云三省基督教现状调查报告》，载金泽、邱永辉主编《中国宗教报告（2009）》。陈进国等认同梁家麟的观点，但补充说对民间宗教的整饬早在 1949 年之前就开始了，构成整个 20 世纪的主要政策的关注点。参见陈进国等《本土情怀与全球视野》，第 256 页。

③ 牟钟鉴：《宗教文化生态的中国模式》，《中国民族报》2006 年 5 月 16 日。

④ Julian Steward, *Theory of Culture Change*: *The Methodology of Multilinear Evolution*, Urbana: University of Illinois Press, 1955.

文化生态学运用于宗教研究，据此创立"宗教文化生态学"。和斯图尔德的文化生态学有所不同的是：这一新方法不侧重于文化和自然之间的关系，而是侧重于同一文化体制中各元素之间的相互关联。这一新研究领域将不仅仅"在于研究各种类型的宗教产生和演变的机制，它们整合社会文化的方式，还要考察在一个国家或地区，在跨文化的大范围内，宗教文化生存的状态，宗教与社会、宗教与宗教之间的关系，它们对于文明发展的影响，它们在当代发展的趋势，以及如何保护宗教的多样性，优化宗教文化生态，使之有益于人类的和谐与进步"。

牟钟鉴教授接着区别了三种宗教生态论类型：

> 一是一元主导型。一种宗教成为国教，具有至上的地位，影响着大多数人口，如印度（印度教）、巴基斯坦（伊斯兰教）、波兰（天主教）、泰国（佛教）等。
>
> 二是多元紧张型。几种宗教同时并存，互相冲突（如伊拉克的逊尼派和什叶派，北爱尔兰的天主教与基督新教）。
>
> 三是多元和谐型。多种宗教长期和平共存（如中国、韩国、日本、新加坡）。

从历史上来看，第三种类型植根于中国宗教文化，是在儒教和佛教交融的基础上产生的。这种类型的宗教生态从内部来看具有协调、注重道德的特征，从外部来看则在倡导宗教间对话、维护世界和平方面起着积极作用。牟钟鉴认为第三种类型的宗教生态是中华文明特有的成果。但是，针对传统文化的各种政治运动也不是没有影响：它们破坏、削弱了中国敏感的宗教生态，中国的宗教生态仅仅在今天才不被视作中国进步的障碍。

就这方面而言，牟钟鉴发现中国台湾的先例很有启发意义：中国台湾在多元、和谐、尊天敬祖的基础上保持宗教生态的平衡，同时又给佛教、道教、伊斯兰教、天主教、基督新教以及各种发达的民间宗教腾出空间。[①] 在这样的环境下，天主教和基督新教也都不会独自坐大。文末，牟钟鉴呼

---

① 韩秉芳：《中国民间信仰之和谐因素》，唐晓峰等著载《宗教之和，和之宗教：中国宗教之和刍议》，社会科学文献出版社，2009，第1~43页。

吁恢复中国宗教的生态平衡。健康的宗教生态会给"儒学、佛教、道家道教、伊斯兰教、天主教、基督教以及各种健康的民间信仰"提供合适的空间，而不至于一教独大。

《宗教文化生态的中国模式》一文有以下五个关键点在我看来开启了宗教生态论话语的议程：（1）牟钟鉴指出有三种类型的宗教生态；（2）其中多元和谐型是中国特有（其次是东亚），而且和谐安定性优于其他两种类型；（3）这种文化传承在20世纪时受到政治运动的破坏；（4）导致基督教进入侵并快速发展；（5）当前的任务就是要恢复原有的宗教生态平衡。

这篇简短的文章以相当典型的方式呈现了诸多杂糅的关注：学术理论的创建、本土主义者的文化危机感、对时务的敏感性，以及学术与政策建议的无缝对接。对宗教多元主义和作为中华文化特有传承之和谐的评价，与人们对基督教新教的入侵、破坏稳定、快速发展引起的焦虑是分不开的。人们把这种恼人的发展视作中国宗教生态弱化的象征，提出恢复中国宗教生态是值得推荐的解决方案。

陈进国研究员是宗教生态论的重要倡导者，他在2010年发表的一篇简短评论中强调：宗教生态论不仅仅是纯学术性的话语，还有如下"两个深层性根源"。

> 一是继续反思"线性化思维"所带来的对本土宗教文化的意识形态偏见，进而对转型时期国家宗教政策调整的期许；二是因应基督教发展所带来的"信仰之痒"以及针对本土价值观的"文化自觉"。①

中国自身的宗教传统，尤其是地方社会赖以维系的民间信仰长期遭到贬损批评，恰是宗教生态论话语衍生的根源。对于一些人来说，基督教源于外国，在历史上和西方帝国主义有关联，有被美国利用来颠覆中国之嫌（见牟钟鉴之前对艾克曼的批评），这就构成了反对基督教继续在中国发展的充足理由。陈进国提出的"文化自觉"，即把中国的传统重塑为中国

---

① 陈进国：《关于中国宗教生态论的争论》，http：//minzu.people.com.cn/BIG5/166717/12068925.html，2010年7月6日。

软实力的资产①，而不是中国现代化进程的"拦路虎"。对于陈进国而言，挑战在于平衡和综合他执笔的研究报告中所提及的两种因素："本土关怀"和"全球视野"。后者不仅旨在将中国的软实力投射到国外，而且还要防止"本土关怀"变成文化狭隘主义和文化民族主义。② 最终的目的不是把基督教从中国驱逐出境，而是确保它"合理的"发展和"脱洋化"，使它在中国宗教生态中占有合理的席位，与其他宗教传统和谐共处。③

社会学家何慧丽在2011年发表的一篇宗教生态论文章中回应了这一呼吁，她倡导应在宗教生活监管中采取从"自在"到"自觉"转换的方法，包括基督教的进一步文化交融、达到生态兼容，以及对农村地区世俗文化基础设施的投资等。④

社会学家和历史学家李向平最近开足马力，对宗教生态论模式发起全面批判。他将宗教生态论的主要观点总结如下：

> 1. 宗教生态失去平衡的一个重要或者最根本的原因是基督教的飞速发展。具体地说，民间信仰的衰退使得基督教长足发展；民间信仰和基督教之间的关系是反向相关的。
>
> 2. 农村社会基督教的发展挑战了传统社会的价值观，破坏了依靠传统宗教活动来维系的社会关系。
>
> 3. 中国人的精神家园仅可以在传统宗教信仰中求得。外来的基督教不仅不是正统，而且是西方文化霸权主义和宗教殖民主义的象征。⑤

---

① 对本土传统的重估（或至少是引用部分的权威支持），其灵感源自中国社会学之父费孝通（1910—2005）的晚期著作。他对文化自觉的呼吁和对中国文化多元特性的理解，经常被援引以证明民间宗教与文化研究的合法性，并由此产生政策性建议。参见谢东莉《在文化自觉中构建和谐——以青海贵德王村四月八庙会为个案考察》，《节日研究2》，2011，第92～101页。

② 陈进国执笔《本土情怀与全球视野》，第253页。

③ 陈进国执笔《本土情怀与全球视野》，第254页。

④ 何慧丽：《农村宗教生态："多元一体"关系的动态发展——以河南农村为例》，《中国农村观察》2011年2月。

⑤ 李向平：《"宗教生态"还是"权力生态"——宗教信仰的国家想象力》，http：//21ccom. net/articles/sxpl/sx/article_2010080414907. html，2010，最后查询时间2011年9月22日。另一版本可见《"宗教生态"还是"权力生态"——从当代中国的"宗教生态论"思潮谈起》，《上海大学学报》（社会科学版）2011年第1期。

李向平对这些命题持批判意见是有很多原因的，其中包括他们的着眼点局限于中国农村、其研究的实证基础薄弱、其观点中隐含着退步的本土主义。

宗教市场论和宗教生态论两个阵营之间的学术辩论，前者推崇市场自由主义，而后者推崇文化保守的强大政府介入。市场和生态这两个隐喻选得恰到好处，为各自的目的服务：宗教市场论者要求自由化以及政府角色的隐退，而宗教生态论者则要求政府积极参与修复和保护因人为介入（如先前左翼的政策）而破坏的自然平衡。在此，笔者的任务是指出中国学术话语中嵌入的他者因素。① 下文笔者仍将回归宗教生态论，以此为模型，解释现代中国宗教的变迁，考查其用于实证数据时的有效性。

二　案例分析

年轻的人类学家陈晓毅，从宗教生态论的视角对贵州省某镇的宗教生活进行了田野调查。② 他先假设每一种地方宗教系统都力图减少内部纷争、维持各组成部分间的平衡状态；这种平衡可能暂时消失，但最终总是能够重新建立起来。无论过去还是现在，导致地方宗教系统不平衡的罪魁祸首往往是基督徒（天主教徒和新教徒皆有），他们的排外主义很难和其他现有的地方传统相和谐。陈晓毅田野调查的地点是 1861 年青田教案的

---

① 北京大学哲学家张志刚做了一次略显牵强的尝试，以评估这两种理论并提出第三种选择。参见张志刚《当代中国宗教关系研究刍议——基于国内外研讨现状的理论与政策探讨》，《北京大学学报》（哲学社会科学版）2011 第 2 期。

② 陈晓毅：《中国式宗教生态：青岩宗教多样性个案研究》，社会科学文献出版社，2008。事实上，最近还有一篇论文的标题包含"宗教生态学"：孙砚菲的《社会政治背景下的宗教：后毛泽东时代中国宗教生态的重构》（博士学位论文，芝加哥大学，2010），是基于对浙江省兰溪县的实地调研。孙博士与中国的宗教生态学支持者一样，对宗教市场论持强烈批判的态度，但她没有借鉴中国的宗教生态学话语，而是建立了自己的模型，试图从宗教传统的内部资源与外部社会政治环境的互动角度来解释当地宗教领域的动态变化。这里的重点是宗教和国家行为体之间的关系，而不是宗教团体之间的关系，论文标题中使用的生态隐喻在论文本身中并没有发挥核心作用。在一次个人通信中，孙砚菲告诉我，她目前正在撰写一篇论文，以澄清她的理论立场（电子邮件，2011 年 9 月 3 日）。

发生地，要治愈地方宗教生态系统中的这一创伤，主要要依靠民俗宗教。① 他提出了青岩宗教系统的"三层楼结构"，体现各自在制度和理论上的差异：底层是民俗宗教，由汉族、苗族、布依族构成；中层是佛教、道教、儒教；上层是天主教和基督教。民俗宗教作为整个系统的基层，在维持和谐生态平衡中扮演着重要的角色。鉴于民俗宗教维持系统和谐的重要性，陈晓毅指出当前存在的问题：

> 当前政策不能为本土"民间宗教"提供任何基本的保护，而它们具有最广泛的社会基础和最大的"群众性特征"。不仅如此，它们甚至被错误地认为是"封建迷信"和"愚昧落后"：这是文化上的自我憎恨行为。②

陈晓毅提出政府应该利用民间宗教的内在稳定性来满足个人、社会以及文化的需求，进而建设一个统一、和谐的社会和世界。③ 这种政治修辞听起来与先前提到的宗教生态论倡导者的言论极其相似，但值得注意的是陈晓毅并没有建立一个和宗教市场论相左的模式。他最头痛的不是理性选择的理论，而是塞缪尔·亨廷顿（Samuel Huntington）的"文明的冲突"，因其对于他来说，具有侵略性的文化宗教冲突模型，只能依靠中国式和谐共存来克服。

陈晓毅另一有意思的举措就是其独特的宗教生态论理论知识谱系。他先简要回顾了"生态学"这一术语在生物科学中的历史根源，了解到其最先发源于艾伦斯特·赫克尔（Ernst Haeckel）的《普通生物形态学》④，由斯图尔德转用于文化人类学，再由中国的"生态哲学家"余谋昌转用。⑤ 然而，这些对"生态学"概念的历史发展只是点到即止，没有确定陈晓毅自己对该术语的用法。和牟钟鉴（他在文中也提到了牟钟鉴）一

---

① 关与此术语可参见本人论文《中国近期研究中"民俗宗教"概念的形成》（"Conceptualizations of 'Popular Religion' in Recent Research in the People's Republic of China"）。

② 陈晓毅：《中国式宗教生态：青岩宗教多样性个案研究》，第 38 页。

③ 陈晓毅：《中国式宗教生态：青岩宗教多样性个案研究》，第 38~39 页。

④ Berlin: Georg Reimer, 1866.

⑤ 余谋昌：《文化新世纪——生态文化的理论阐释》，东北林业大学出版社，1996；《生态哲学》，山西人民出版社，2000；《生态文化论》，河北教育出版社，2001。陈晓毅仅引用了上述的前两本；参见陈晓毅《中国式宗教生态：青岩宗教多样性个案研究》，第 10~11 页。

样，陈晓毅的宗教生态论关注同一个社会文化体制中各宗教传统之间的关系，而不是不同文化体制以及它们的自然环境之间的互动：

> 在我的研究中，这一概念（即宗教生态论）基本不涉及宗教与自然的关系；相反，它主要涵盖了不同宗教之间的关系，不同宗教及其社会环境之间的关系，不同宗教信仰之间的关系，宗教信仰者与其社会环境的关系，也有宗教信仰者个人心理构成中宗教要素之间的关系，以及宗教要素与其个体观念环境之间的关系。①

但是，陈晓毅指出了自己所用方法的一个先例，其中不仅使用了宗教生态论这个术语，而且与宗教生态论有着类似的理解。鉴于宗教生态论的其他作者投入本土主义的情感，认为宗教生态论是与中国宗教独特相联（并且适用）的方法，人们就会发现很有意思的是：这个先例竟然是美国社会学家和神学家艾斯兰德（Nancy L. Eiesland）的一篇专题论文。②

值得仔细跟进如下参考文献：艾斯兰德的作品于 2000 年付梓，内容涉及乡村社群在转变为乔治亚州亚特兰大市郊过程中的宗教变革。主流方法运用的是"针对供方宗教市场以及宗教变化的理性选择模式之基础原则的隐喻"，不足以解释她在田野领域里观察到的变化模式，故她利用了一个被她称为"宗教组织生态"的视角。③

> 聚焦宗教生态论使研究者能够采用与通常的市场竞争或会众主导的方法稍有差别的方式来讲述对宗教组织的期待。在生态论框架中，关注的焦点从人的组织转变为组织的人及其植根的处境。宗教组织彼此关联，并且与当地其他组织相关联（即使有些宗教组织的关联性大大超出了其所在的地区）。因此，宗教组织更加注重关系而不是自主性（援助社区工程、与困苦的当地人分享信息或者支持防止犯罪或反对堕胎等）。

---

① 陈晓毅：《中国式宗教生态：青岩宗教多样性个案研究》，第 1 页。

② Nancy L. Eiesland, *A Particular Place*: *Urban Restructuring and Religious Ecology in a Southern Exurb*, New Brunswick, NJ: Rutgers University Press, 2000.

③ Nancy L. Eiesland, *A Particular Place*: *Urban Restructuring and Religious Ecology in a Southern Exurb*, p. 13.

它们的相互依存性不单单是竞争的问题。宗教生态论不是群体、组织和个人无休止的冲突回合，不会陷入战斗和死亡的输赢竞技。①

因此，艾斯兰德反对理性选择和宗教市场理论，因为它们试图用宗教消费者在互相竞争的宗教提供商之间选购的形式来解释宗教变革。在艾斯兰德看来，这个模式不仅无法解释她在乔治亚州所观察到的变革过程，而且还从根本上误解了宗教组织的本质：

组织生态论让我们不能忽视斗争和竞争，试图通过赞赏宗教组织的特定类型来加以平衡，也就是说，信仰社群在当地作见证，群体之间彼此见证，并且超越……不管这些组织可能有任何其他主张，出于任何其他目的，它们最初以及持续的认同一定是宗教的。宗教信仰和委身的持续力量为彼此团结和共同的道德关切提供基础。②

艾斯兰德反对把市场模式用于研究宗教生活，认为其有效性待考。这就使得人们产生了标准上的诉求，要求社会学提供一种语言，真正能够有助于在竞争中促进合作：

生态论的语言尤其有用，因为它让地方宗教组织更加清晰地看到彼此潜在的互补性，时常分享资源，通常服务于多元化的人群，并且有时候为了争取同样的人群、资金和地位而努力。然而，如果宗教组织认为自己永远处于争斗状态，因为有限的资源或者只为整个小社群的精神福祉服务，它们可能会不愿意合作，而更倾向于为了小群体的利益而争斗。虽然竞争一定会发生，但它不是很多宗教组织动力学的特征。这就有足够的理由去发展一个更加充分的生态论框架谈谈宗教组织的关系问题。③

---

① Nancy L. Eiesland, *A Particular Place*: *Urban Restructuring and Religious Ecology in a Southern Exurb*, p. 16.

② Nancy L. Eiesland, *A Particular Place*: *Urban Restructuring and Religious Ecology in a Southern Exurb*, p. 17.

③ Nancy L. Eiesland, *A Particular Place*: *Urban Restructuring and Religious Ecology in a Southern Exurb*, p. 17.

在此，人们对原本严肃的技术型、社会学型语言有规范性约束的意识，似乎延伸到自由的、神学的议程，相比于宗派之间的纷争和排斥，人们喜欢各教派之间互相合作。陈晓毅的研究（以及前文提过的其他宗教生态论倡导者的文章）显示出类似的特征，他也明确提出生态学方法的立场，反对建立在冲突和竞争基础上的文化多元主义模式，追求一种规范性的进路，虽然是截然不同的一种。

结　语

探讨在中国宗教学研究的方法和理论争锋中新近出现的宗教生态论，自然而然要在很大程度上考虑其主流话语和意识形态上的意义。然而，笔者并不主张将宗教生态论完全还原为意识形态。通过艾斯兰德的研究，我们就会发现其规范性的背景不一定削弱其模式在田野调查点经验数据中的解释价值。同样地，宗教生态论的方法是对基督教在中国角色概念化的前提，即基督教并非只是永远不适合中国的东西，而是更大文化体系的一部分。既然如此，它可能还会和其他部分存在张力（或者竞争），也还可能与它们形成更复杂的关系。

因此，宗教生态论的进路可以允许人们调查那些不单单是宗教市场竞争的互动。例如，有迹象表明基督教和民俗宗教在某些方面并非完全势不两立，而是产生了基督教"民间信仰化"这样一种杂糅的功能性形式。①相比严肃、理性选择的市场视角，假设"生态"系统互相依存且与地方宗教角色有着共同的文化风格／价值这一点，可能为宗教沿革提供更好的概念性把握。

最后，笔者想在此建议，学者们需考虑宗教生态论模式与传统结构功

---

① 浙江的案例参见唐晓峰《苍南县 XJ 村的基督宗教及其民间信仰化特征》，《宗教人类学》（第一辑），2009，第 83~98 页。就同一问题，陈晓毅对其田野点贵州青岩基督教的适应能力提出了不太乐观的看法，2000 年以来当地基督徒增量停滞。陈晓毅：《"主"、"祖"之间——青岩基督教与汉族民俗宗教的互动》，载《宗教人类学》（第一辑），2009，第 196~215 页。通过主张新教家庭教会的成功恰恰是因为其代表了一种已经本土化的基督教形式，进而强烈批评那种认为宗教生态学话语中关于"本土／异域"的二元划分可能会破坏基督教本土化的观点。可参见连曦《浴火得救：现代中国民间基督教的兴起》（耶鲁大学出版社，2010）。从这个角度来看，中国的宗教生态将不得不容纳那些不那么容易协调的元素，如本土的千禧年传统。

能论的密切关系，及其建构平衡的社会文化体制的倾向。这其中最出名的是莫里斯·弗里德曼（Maurice Freedman）和杨庆堃（C. K. Yang）在中国宗教领域里的运用。[①] 虽然杨庆堃的"弥散性宗教"理念受到了宗教生态论理论学家的热烈拥护，但并没有人积极地将自身研究与杨庆堃"中国社会的宗教"这一更大的系统建构联系起来。结构功能论在我看来比斯图尔德的文化生态学在概念上更接近宗教生态论，但后者却经常被人误导性地引作宗教生态论的前身。进一步探究这些理论之间的密切联系，可以使宗教生态论从其概念的根源中解放出来，形成一个实际适用于研究中国宗教及宗教变革的应用进路。[②]

[①] Maurice Freedman, "On the Sociological Study of Chinese Religion," in *The Study of Chinese Society*: *Essays by Maurice Freedman*, ed. G. William Skinner, Stanford, CA: Stanford University Press, 1979, pp. 351 – 369; C. K. Yang, *Religion in Chinese Society*, Berkeley, CA: University of California Press, 1961.

[②] 本文于 2011 年 10 月 27~30 日在明斯特大学举行的"中国思想中的宗教多样性"研讨会上发表；2012 年 1 月 20 日在巴黎国立科学研究中心发表；2012 年 4 月 30 日在台北的汉学研究中心发表。在此感谢所有与会人员，他们提出了富有洞察力的意见，帮助我改进了文章。特别感谢高万桑先生对本文第一份书面稿提出的详细建议。

寻找宗教市场论与宗教生态论的 "神同" 之处[*]

李华伟

摘　要　作为由中国学者提出并广受关注的一种理论视角，宗教生态论自提出以来就争议不断，受到国内外学界的各种批评。宗教生态论与宗教市场论作为两种对立的理论均被"脸谱化"，并被化约为迥然有异的理论主张，俨然已构成势不两立的态势。两种理论部分基本概念存在共通之处，共享两个基本假定——宗教是人类学常数；宗教需求是不变的，变化的是宗教供应方。在某些情况下，在立场不同的文本中，两种理论的部分术语可以互换而不影响句意表述。宗教市场论与宗教生态论应该走出两种理论之间的简单站位、对垒与"意气之争"。

关键词　宗教市场论　宗教生态论　理性选择

一　宗教市场论与宗教生态论的站位、对垒与"脸谱化""污名化"

作为由中国学者提出并广受关注的一种理论视角，宗教生态论自提出以来就争议不断，受到国内外学界的各种批评。批评宗教生态论的主要是持守宗教市场论立场的研究者和基督教教界人士。宗教生态论与宗教市场

---

　*　本文系国家社科基金项目"当代宗教社会学理论争鸣与话语权之争研究"（批准号：22AZJ001）的阶段性成果。

论似已构成势不两立态势，而学者也不由自主地被划归为宗教生态论者或宗教市场论者。

宗教市场论与宗教生态论作为两种对立的理论均被"脸谱化"并被化约为各种理论主张。这两种理论的"脸谱化"特征主要如下：宗教市场论者被认为是自由主义者，而宗教生态论者被认为是保守主义者；宗教市场论者被认为是开放主义者，而宗教生态论者被认为是狭隘主义者；宗教市场论者被认为是世界主义者，宗教生态论者被认为是民族主义和本土主义者；宗教市场论被认为是公理，宗教生态论被认为是地方性知识；宗教市场论者大多是基督教研究者或基督徒，而宗教生态论者大多是民间信仰研究者或非基督徒；宗教市场论者大多主张放松对宗教的管制以创造平等自由的宗教市场，宗教生态论者则主张加强政府对宗教有选择性地管理以"扶土（教）灭洋（教）"；宗教市场论者是价值中立的公正的研究者，而宗教生态论者是政府的"帮手"和"敌基督者"；宗教市场论是一种科学的理论范式，而宗教生态论不过是一种不具备科学理论基础的策论。由此看来，宗教生态论几乎被"污名化"了。宗教市场论和宗教生态论被"脸谱化"之后，媒体和文章中只剩下隔空骂阵的声音，立场和"站位"成为区分"自己人"和"异己者"的唯一标准，学术性的辨疑驳难和"同情之理解"反而较为少见。

本文分析宗教市场论和宗教生态论的立论基础、部分基本概念，并试着用这两种理论分析同一个宗教案例，以凸显两种理论之间存在的"貌异神同"，并提请学界注意两种理论之间的"神同"之处。

二 宗教市场论与宗教生态论经典文本段落的"互换"

宗教市场论与宗教生态论在中国都被认为承载了远远超出学术以外的内容，两种理论之间互相攻讦。然而两种理论之间果真势不两立、难以对话吗？让我们从两种理论的代表人物和代表作中各取一些段落进行分析。

宗教市场论的代表作非《信仰的法则》莫属，《信仰的法则》中的关键性段落颇多，不过与宗教生态论相对应讨论宗教之间关系和政教关系的内容主要集中在该书第四部分（宗教经济），让我们从中选取一部分进行分析和引申。

宗教生态论的代表人物主要有牟钟鉴、陈进国、段琦等人。牟钟鉴关于宗教生态的文章有《宗教文化生态的中国模式》（2006；2008）、《中国宗教文化的多元通和模式》（2009）、《宗教生态论》（2013）。段琦的相关文章有《宗教生态失衡是当今中国基督教发展快的主要原因》[①]（2009）及《宗教生态失衡对基督教发展的影响》（2010）。陈进国的相关文章有《本土情怀与全球视野》（2009）、《关于中国宗教生态论的争论》（2010），以及由其执笔的内部报告《关于福建民间信仰报告》（2002）。三人中，以段琦遭受的攻击最多，我们不妨从段琦教授的代表文章中选取一部分进行分析。

> 《信仰的法则》第 310~312 页讨论了基督教新教在拉丁美洲的增长：在拉丁美洲，基督教新教在天主教的竞争最无效的地方获得的初始成功将最大……人口中变成基督教新教信徒的比例跟神父和修女与名义上的天主教徒的比率有强大的负的相关性（斯达克、芬克，2004：311）。

段琦饱受攻击的文章是在"2008 民族宗教高层论坛"发表的《宗教生态失衡是当今中国基督教发展快的主要原因》（2009），该文以江西余干县为案例。不过该文收在论文集中，不易获取，攻击者大多望文生义根据臆想的观点对其进行炮轰。《宗教生态失衡对基督教发展的影响》一文则发表在报纸上，网络版较易获取，阅读方便，而且该文是《宗教生态失衡是当今中国基督教发展快的主要原因》一文的"浓缩版"。我们且以《宗教生态失衡对基督教发展的影响》为例进行分析。

我们可以按照斯达克和芬克的表述方式，将段琦的上述结论性语句进行改写：

> （在江西余干县）基督教新教在传统宗教竞争最无效的地方获得的初始成功（将）最大……人口中变成基督教新教信徒的比例跟传统宗教场所（信仰者）与当地总体人口的比率有强大的负的相关性。

---

① 该文在"2008 民族宗教问题高层论坛"上发表，收入此届论坛的论文集《当代中国民族宗教问题研究》（第 4 集）时，题目改为《宗教生态失衡与中国基督教的发展》。

改写之后，论证似乎更科学了，逻辑也似乎更严密了，似乎学术味更足了。不过如果我们认真思考，就会发现二者实质上表达的意思完全一致，只是改写后的句子学究气更浓厚一些。

我们也可以按照段琦的表述方式，改写斯达克和芬克的句子：

> 在拉丁美洲，天主教力量保持得较好的地区（也就是宗教生态较为平衡的地区），基督教新教的发展一般比较缓慢。

改写之后，句意并未改变，想必也会获得斯达克和芬克的同意。唯一可能招致斯达克和芬克皱眉和疑惑的是括号中的"宗教生态"这一新鲜的术语。如果我们去掉括号中的内容，则可将之缩写为如下："在拉丁美洲，天主教力量保持得较好的地区，基督教新教的发展一般比较缓慢。"如此一来，庶几符合作者的原意。

如果我们摆脱意气之争和站位思维，平心静气比较、思考宗教市场论和宗教生态论之间的异同，在两者迥异的理论视野之中，也许能发现两者更多的相似之处。

三 需求恒定——宗教市场论与宗教生态论
共享的前提和假设

宗教市场论被称为供应方理论。宗教市场论假定"宗教是人类学常数"，即人都有宗教需求，同时，人的宗教需求是恒定的。因而，宗教市场论不是从需求方来探求宗教规律变化的方式，而是从宗教的供应方即宗教组织（公司）所提供的产品及市场角度来探求宗教与社会互动的规律。宗教市场论认为，"需求是恒定的"。因此，宗教的变化只能从宗教产品的供应者所提供的宗教产品及其可及性中去寻找。

宗教生态论受到攻击，是因为宗教生态论的几个提倡者均认为宗教生态失衡是基督教快速发展的主要原因。不过，宗教生态论者有关宗教生态平衡或失衡的各种论述，也是探讨宗教供应方的变化所导致的宗教生态或宗教市场变化，其基本理论假设是"需求恒定"，与宗教市场论是一致的。宗教生态论者所倡导的宗教生态平衡主要是指"各宗教之间达到一种均衡状态"。由此可见，其主要也是关注宗教的市场供应方，也可称为

"供应方理论"，其隐含的基本假设也是"需求恒定"。

在宗教生态论看来，宗教需求是恒定不变的，当宗教生态被"人为地不适当干预"时，宗教的各供应方中有的受到削弱、有的受到鼓励，或者同时受到鼓励或压制。有的宗教供应方不被准许提供宗教产品或者其产量受到严格控制，宗教生态逐渐失衡，其他的宗教供应方则迅速发展，给"需求恒定"的人们提供了另类的宗教产品，宗教生态处于失衡状态。

实际上，段琦不仅引用而且明确借鉴了宗教市场论的"需求恒定"这一假设来分析其案例并提出其宗教生态论。

> 按美国学者罗德尼·斯达克的宗教市场理论，宗教需求在长期来说是非常稳定的，而宗教变化主要是供应方面提供的产品的转变。也就是说，人们对宗教的需求长期来看是个常数，而需要哪种宗教则要看什么宗教更能满足他们的需求。"文革"期间，佛寺道观及民间信仰统统受到冲击，烧香拜佛在当时的环境中完全不可能做到，而信仰基督教的简单仪轨能隐秘地满足民众的信仰需求，所以在一些秘密传道人影响下，基督徒人数依然悄然增长，有些村庄甚至已发展到上百人的规模。而且自落实宗教政策以来，余干县对于基督教教堂的落实要比佛寺、道观的落实好得多（段琦，2010）。

由此可见，认为宗教生态论与宗教市场论共享"需求恒定"这一假设，绝非笔者牵强附会或生硬拉扯。

此外，宗教生态论与宗教市场论也共享了"理性经济人"的假设。宗教市场论采取了"理性经济人"的假设作为其理论的微观基础，认为信徒是理性的，信仰某一种宗教就是寻求与神灵的交换和回报。同时，"（人们）在他们所具有的信息和理解程度的限度内，在实际存在的选择（available options）范围中，在他们的喜好和趣味的引导下，人们试图做理性选择"（斯达克、芬克，2004：104），这是《信仰的法则》的第一个命题。

实际上，宗教生态论也坚持"理性经济人"的假设，与宗教市场论并无二致。"在实际存在的选择（available options）范围中，在他们的喜好和趣味的引导下，人们试图做理性选择"，与宗教生态论的各种主张颇为相合。宗教生态失衡，传统宗教市场供应不足，导致"在实际存在的选择（available options）范围中"可供挑选的宗教产品有限。"在他们的喜好和趣味的引导下"，人们做理性选择，有一些人转向了基督教。这也就是宗教生态失衡导致基督教发展速度较快的原因。

四 "开放宗教市场""放弃人为干预"
——宗教市场论与宗教生态论共同的建言

因为共享"需求恒定"和"理性经济人"的假设，宗教市场论与宗教生态论或隐或显的共同政策建议都是主张"放弃人为干预"、共享自由的宗教市场以让各宗教自由竞争。

为何说或隐或显的政策建议呢？因为宗教市场论尤其是其美国版本并未有任何明确的政策主张，只是分析了政府对宗教的管制所带来的后果。不过任何社会科学都有或隐或显的意识形态或民族主义的色彩，宗教市场论也不例外。宗教市场论发源于美国，以美国宗教案例作为最初的分析对象，在提升为命题和定义之后，再将其理论运用于对欧洲、拉美等区域的宗教解释，显示了强劲的生命力和理论之范式性、普世性。① 尽管如此，其对政府宗教管理的政策建议是隐含的，并不明确。不过，宗教市场论的中国版本则提出让宗教在非管制的环境下自由竞争的政策建议，某种程度上也受到政府的关注和重视。

在站位思维和常见的"污名化"指责中，宗教生态论者是主张"扶土（教）灭洋（教）"② 的罪魁祸首。我们须知宗教生态论者并不是一个统一的流派，内在亦存在差异，此外，任何一个宗教生态论的提倡者都不曾使用过"扶土（教）灭洋（教）"的术语或类似的表述。如果我们能认真阅读哪怕只读一篇文献——如段琦饱受攻击的《宗教生态失衡对基督教发展的影响》一文，我们也能看出其主张"放弃人为干预"。这一主张与中国版的宗教市场论者并无不同，与美国版的宗教市场论也无不同，且让我们摘录如下一段：

---

① 无论在美国、欧洲，还是在中国，宗教市场论都受到一些质疑，但尚不足以推翻其作为一个"范式"的地位。

② 使用类似归纳以指责宗教生态论的人士和相关文章甚多，恕不列出。

在正常情况下，各类宗教形态彼此间应该是互相制约而达到一个平衡状态，即各类宗教各得其所，都有它们的市场，满足不同人群的需要。但如果人为地不适当干预，就会破坏它们的平衡，造成有些宗教发展极其迅速，有些则凋零了（段琦，2010）。

这样浅显的表达，本不需要再做过多的解释。文中使用了宗教市场论的部分术语，其思想和政策建议也与市场论有相通之处，这是浅显明白、毋庸置疑的，然而依然有不少人常常误解或者竟然说从文中看不到任何主张"放弃人为干预"的意思。

本着对话的目的，我们可尝试用这些人能够看懂的宗教市场论的术语和表述方式，将这段话改写如下：

在（宗教自由竞争的）正常情况下，各类宗教供应方彼此之间应该是相互竞争而自发到达一个市场均衡状态，即各类宗教各得其所，都有它们的市场区位，满足不同人群的宗教需要。但如果（政府进行）人为地干预和管制，就会破坏它们的自由竞争和市场秩序，造成有些宗教发展极其迅速，有些则凋零了。

如此改写符合该段的上下文，其句意和要点并未有丝毫的改变。如此改写诚为迫不得已之下策，仅仅是为了让不愿看到"生态""平衡"字眼的攻击者能够将这段话读完，并非欲攀附更具科学性、被学界公认的宗教市场论来为宗教生态论辩护，特此申明。

当然，宗教生态论者对政策的建议并非完全一致。笔者在5年前分析过宗教生态论者的政策建议，将之分为两种，即营造宗教信仰自由的宽松环境和坚持文化主体性、确保国家宗教安全（李华伟，2011：854-865）。诚然两种政策建议都不主张让政府放弃对宗教的管理，但都坚持政府应"营造宗教信仰自由的宽松环境"，这种主张无疑也是宗教市场论者所主张的。因此，当我们看到引进并信奉宗教市场论的中国的"斯达克主义者"魏德东，主张政府有责任促进宗教之间形成自然的平衡机制时，就不必感到意外了。

魏德东指出，"宗教生态需要有一个自然的平衡体制。政府的责任，是保证宗教信仰自由政策的落实，使每一种宗教和信仰都能依法得到自由地发展。在这样的体制下，不同的宗教和信仰处于有序的环境之中，最终构成宗教的生态平衡，为不同层面的大众提供有效的精神服务。而所谓的扶植与遏制思路，以及盲目地打击民间信仰，都将破坏宗教生态的自然平衡，结果往往也是南辕北辙"（魏德东，2009）。实际上，在魏德东的上述表述中，"宗教生态"亦可以换为"宗教市场"而不影响句意。

如前所述，社会科学难免带有意识形态色彩和民族情怀。宗教市场论是这样，宗教生态论亦然。不过，宗教市场论很少因为其背后的意识形态和民族情怀而受到批判，而宗教生态论恰恰因其背后的意识形态因素和民族情怀而遭到大量的批判和攻击。悖谬的是，宗教生态论者中最接近宗教市场论的段琦往往被作为攻击对象。宗教生态论者中，明确坚持民族情怀和本土情怀者有之，只列举案例、陈述事实者有之。不幸的是，宗教生态论者被化约为一个面孔，被作为一个整体受到攻击。

不可否认的是，宗教生态论者面对宗教生态（宗教市场）失衡所提出的建议中，有"固本化外"的说法，然而固本化外目的只是"使之（外来宗教）如同佛教那样成为中国和谐社会的有机组成部分"（牟钟鉴，2013：134-135）。诚然，不可避免的，固本的过程中可能隐含或明确要求政府对民间信仰和佛道教、基督教一视同仁，提醒相关宗教管理部门给民间信仰同等的地位，使其能够进入宗教市场，参与自由竞争。

在余干县的调查中，段琦发现：

> 与此相反的是瑞洪地区，由于传统宗教力量较强，改革开放后群众自发地修复了不少小寺庙，地方政府对此没有加以取缔，那里的基督教发展也就大受限制。用当地基督徒的话说，基督教发展不起来是因为拜菩萨的太多（段琦，2010）。

因无形中涉及对基督教发展原因的探讨，宗教生态论遭受了来自各方的批判和攻击，其中基督教界信徒的攻击尤为常见。但基督教界信徒往往穿上宗教市场论的外衣，对假想敌进行似是而非的攻击，未能注意到宗教市场论和宗教生态论的相似之处。

实际上，即便被认为是宗教生态论中本土宗教研究者的陈进国，文章中也经常出现"宗教市场""市场化管理取向"等词语，仔细推敲其行文理路、所提出的政策建议和宗教市场论者并无实质的差别。

在《本土情怀与全球视野》一文中，陈进国提出了国家管理宗教事务的三种兼容性的路径选择方案，不过其潜在的或最终的主张则是"市场化管理取向"，其具体内容和可行性比宗教市场论者笼统强调放开宗教市场、让"无形的手"来自发调节要细致得多，也是对宗教市场论的落实和补充、改造。所谓"改造"是指，该建议带有"本土情怀"，即宗教生态论者所共享的政策建议基调——"逐步有序地开放宗教市场，给予本土宗教形态及其民俗形态合法的平等地位"（2009：261），这是唯一可能被基督徒或宗教市场论者诟病、抗议的一条政策建议。除此之外，其他的政策建议不仅与宗教市场论毫无二致，而且是对其的细化、补充和可行性改造。这说明，除了"本土情怀"之外，在探讨宗教关系方面，宗教生态论与宗教市场论之间的相似之处远远超出其不同之处。

五　几点澄清与结语

宗教生态论并不是为了与宗教市场论相抗衡而提出的理论主张，生态论对市场论有借鉴，二者也分享共同的数个理论预设，因此两个理论存在相通之处。

宗教生态论虽是在探讨基督教发展迅速的原因时提出的，但并非是为了对抗基督教的发展而提出的，其理论视野和雄心也较为宏阔。正如前面指出的，促使段琦写出饱受争议的文章之最初动机是反对"渗透说"。尽管段琦的文章中也有要改变基督教快速发展态势的表述和意愿，然而其主张仍是一贯的，即"必须营造宗教信仰自由的宽松环境，使各种宗教都能得到充分的发展，创造一个优胜劣汰的竞争机制，恢复宗教生态平衡"（2009）。"宗教信仰自由的宽松环境"和前文中的"正常情况下"（2010）是同义语。尽管争论可能持续，但如果还有人反对"宗教信仰自由的宽松环境"和"正常情况"，则着实令人费解。

宗教生态论并不是一个严格的学术流派，宗教生态论者存在内部差别，对宗教市场论与宗教生态论做对立化、脸谱化、化约论的解读应该停止。其他的不必细说，宗教生态论的提出者和使用者既有传统宗教的研究者，也有基督教的研究者和基督徒。因此，将宗教生态论的提出者、使用者"脸谱化"为民间信仰的研究者、支持者岂止差之毫厘。

此外，宗教生态论并非仅仅关注宗教之间的关系，还关注自然环境与经济类型对宗教文化的影响、"宗教与社会的复杂多层关系"、宗教与现代化的关系等（牟钟鉴，2013：125-131）。宗教生态论有着宏大的理论旨趣和高远的现实关怀，这在牟钟鉴的论述中表现得较为突出。作为宗教生态论的主要倡导者和理论层面的提升者，牟钟鉴对宗教生态论理论层面的思索较多。宗教生态论不仅涵括了对世界各主要区域的宗教生态的探索，还归纳了影响宗教生态系统兴衰变化的因素（2013：131）。宗教生态论具有普遍性，可用于对全球宗教现象的解释。牟钟鉴将美国的宗教生态模式称为"一元多教式"，将印度宗教生态模式称为"一元多神蝉变式"，将中国的宗教生态模式概括为"多元通和模式"（2013：124-132），这些说法尤其是"多元通和"已得到学界的认可。仅仅将宗教生态论归纳为关注宗教之间关系的理论也难免有化约论和简单化之嫌。

不可否认的是，宗教生态论的提出者并不是宗教社会科学家，将这一理论进行缜密的理论演绎和提升也并非其终身志业。因此，与宗教市场论这一从美国舶来的理论之严密的逻辑体系相比，宗教生态论要想建构严密的理论体系仍有较长的道路要走，不过其主张已得到主要活跃在海外的华人学者的重视和运用（赵鼎新，2009；孙艳菲，2014）。面对立论基础和论证中间的薄弱环节，对宗教生态论正常的学术批评和批判无疑应受到欢迎和尊重，放弃意气之争，进行学理之争，应是未来的方向。

参考文献

陈进国、段琦：《江西省余干县宗教生态调查——以基督教为中心》，2008。

陈进国：《本土情怀与全球视野》，载金泽、邱永辉主编《中国宗教报告（2009）》，社会科学文献出版社，2009。

陈进国：《关于中国宗教生态论的争论》，《中国民族报·宗教周刊》2010年7月6日。

段琦：《宗教生态失衡与中国基督教的发展》，载中国统一战线理论研究会民族宗教理论甘肃研究基地秘书处编《当代中国民族宗教问题研究》（第4集），甘肃民族出版社，2009。

段琦：《宗教生态失衡对基督教发展的影响——以江西余干县的宗教调查为例》，《中国民族报·宗教专刊》2010年1月19日。

李华伟：《宗教生态论反思》，载曹中建主编《中国宗教研究年鉴（2009—2010）》，宗教文化出版社，2011。

马虎成：《基督教在当今中国大陆快速发展的原因辨析——由"宗教生态失衡"论引发的思考》，载《当代中国民族宗教问题研究》（第5集），中国社会科学出版社，2010。

牟钟鉴：《宗教文化生态的中国模式》，《中国民族报·宗教周刊》2006年5月16日。

牟钟鉴：《探索宗教》，宗教文化出版社，2008。

牟钟鉴：《中国宗教文化的多元通和模式》，载牟钟鉴主编《民族宗教学导论》，宗教文化出版社，2009。

牟钟鉴：《宗教生态论》，载牟钟鉴《当代中国特色宗教理论探讨》，甘肃民族出版社，2013。

〔美〕罗德尼·斯达克、〔美〕罗杰尔·芬克：《信仰的法则》，杨凤岗译，中国人民大学出版社，2004。

孙砚菲：《千年未有之变局：近代中国宗教生态格局的变迁》，《学海》2014年第2期。

魏德东：《重视宗教生态的平衡》，《中国民族报·宗教周刊》2009年8月18日。

赵鼎新：《强势基督教文化下儒家文化及中国宗教的困境和出路》，《领导者》（双月刊）2009年6月号。

张新鹰：《宗教生态话题散议》，《世界宗教文化》2010年第4期。

没有宗教，何来生态？[*]

梁永佳

摘　要　宗教生态论是一个有巨大贡献的理论，但仍处于大纲状态，有很多缺环。中国的宗教生活大多嵌入社会之中，缺乏能见度，也很少被制度化，我们很难离析出一个叫"宗教"的东西，也很难区分"宗教"和"非宗教"。讨论"生态"，则需要弄清楚相互作用的是哪些宗教。宗教生态论可能只是"宗教间关系"的一种不太贴切的比喻。由于该理论过于重视宗教之间的关系，又过于重视对宗教政策产生影响，从而忽视了包括政治在内的各种实际起作用的因素，忽视了"生态"所隐含的社会总体性。

关键词　宗教生态论　宗教概念　制度宗教

"宗教生态论"大致出现在 2006 年，由著名宗教学家牟钟鉴提出。借用美国人类学家斯图尔特的多线进化论，牟先生认为宗教生态论的特质"在于把现实生活中相对独立的社群共同体（如民族、国家、地区）范围内的宗教文化与世俗文化，看作是一种社会生命系统，内部有其结构层次，外部与大环境的社会文化系统相依互动，有调适，也有矛盾，在内部不断更新和与外部环境交互作用中维持生存和发展的活力，宗教生态论就是研究宗教生命系统动态运行机制的理论，它把宗教看作活的文化，目的是促成宗教关系和谐"（2012）。

这一框架对中国宗教景观来说有较大的解释力，并得到不少经验研究

---

[*]　本文系国家社科基金后期资助项目"他性与族群本体：中国西部社会的超越性"（20FSHB001）的阶段性成果。

的支持。例如，陈晓毅将贵州一个市镇的宗教景观总结为"三层楼结构"。底层为民俗宗教，中层为儒释道等传统宗教，上层为基督教、天主教等一神教。《中国式宗教生态》展示了汉族、布依族、苗族等民族聚居状态下宗教生态的动态图景。（陈晓毅，2008）

段琦将中国基督教教徒的高速增长归结为不适当干预所造成的宗教生态失衡。对民间宗教的打压，"铲除"了基督教传播的最大障碍，造成本土宗教的"水土流失"。改革开放以后，优先恢复了基督教的宗教活动场所，但对"建制教会"传教活动的限制给"非建制教会"（即基督教私设聚会点和三自教会）提供了理想的传教土壤。"必须营造宗教信仰的宽松环境，使各种宗教都能得到充分的发展，创造一个优胜劣汰的竞争机制，恢复宗教生态平衡，基督教过快的发展态势也就会自然而然地得到抑制。"（段琦，2009）

针对以民间宗教平衡基督教的主张，也有学者提出不同的看法。李向平认为，宗教生态论并不能解释中国宗教发展状况，真正的问题是宗教与权力的生态问题，不应将这个问题还原成基督教与民间信仰之间的此消彼长，这会激活对基督教"外来性"的想象，强化"华夷之辨"。不应人为地用一个宗教平衡另一个宗教，而要开放宗教关系，给宗教信仰一个自由的空间（李向平，2011）。

针对陈进国在宗教生态论基础上提出"中华教"的主张，署名"逆风"的学者提出相反看法。他认为陈进国的主张建立在虚假的"中西对抗"框架下，忽视了民间信仰的特点。中国存在宗教市场的失衡，但并非完全由政策所致。基督教的快速发展与社会变化过于激烈有关，其内部也存在差异，因此不宜用民间宗教平衡基督教。①

反驳生态论的学者，一方面论证基督教增长与民间宗教萎缩关系不大，一方面又焦虑国家是否真的会用"扶植"民间宗教的方式"平衡"基督教，这种既怀疑权力又相信权力的论述或许说明，经验研究的已有成果还不足以让我们形成很有效的判断，也说明中国宗教景观的解释框架还不够成熟。

在我看来，"宗教生态论"是一个重要的理论，但仍处于大纲状态，有许多缺环需要补充。比如，如何确定"相对独立的社群共同体"？如何

---

① 逆风：《宗教生态平衡的迷思》，普世社会科学研究网，http：//www.pacilution.com/ShowArticle.asp？ArticleID=1902，2009年6月25日。2015年12月20日登入。

确定非排他性、非制度化"宗教"的"内部"和"外部"？存在一个"民间宗教"（或"民间信仰"，或"中华教"）吗？为什么要将宗教文化和世俗文化看作"生命系统"？这样的类比有什么根据？如果学界已经普遍认为文化是动态的，那么将宗教视为"活的文化"有什么特别意义？理论研究本身能否以及如何"促进"宗教关系和谐？进而，从宗教生态论的理论基础上看，多线进化论在其理论策源地已经失去了活力，近几十年人们对欧、美、亚、非的宗教历史格局和现实情况也取得了很多新的认识。如果宗教生态论希望继续保持其涵盖世界的雄心，尚需积极回应和消化这些新认识。

更重要的是支持和深化宗教生态论的经验研究还很不够，需在研究中锤炼和细化，否则它对中国宗教景观的基本判断将会一直处于粗线条的勾勒上，甚至只能停留在口号上。例如，这一主张的前提是确定一个相对独立的社群共同体，并在其内部识别出各种宗教边界，这在实际操作中将是一件极为复杂的工作。如果这一理论仅被用来提供政策依据，那么它将有可能从解释中国、解释世界的宏大理论蜕变成单纯的宗教政策研究。

如果这一主张的推论仅仅是将民间宗教合法化，那有可能进一步限制宗教生态论的解释力。很大程度上，民间宗教是一种无法被国家"读懂"的活动，一旦"读懂"，它马上成为权力的支配对象，将涉及大规模的资源分配、合法性论证、传统的发明等精英化考量，甚至有可能变成另一个"官方宗教"。这一过程的后果，的确有可能将普通民众的活动合法化，有助于扩大其生存空间。但同时，民间宗教也有可能因管理需要，而发生精英化蜕变，使得它不得不确定自己的场所、仪式、经文、专职人员，变成一个接受国家管理的组织。这会排斥多样的、无组织的实践，也会排斥普通实践者的诠释，使沉默的大多数更加边缘化。

目前，"非遗"制作已经出现这一倾向。普通参与者由于不通文墨，对其活动的解释"荒诞不经""自相矛盾"，或者不符合史实，抑或无法满足申遗需求或者发展地方经济的需求，以至他们的解释经常被主导和参与申遗的官员和地方文人忽视。很多情况下，申遗精英只是以自己的解释为准，并依此创造了大量不为当地实践者所理解的"文化遗产"。

可以想见，一旦民间宗教变成一个接受行政管理的社会组织，无法参与精英化过程的普罗大众会自然而然地寻找替代方式，这与基督教的非建制化过程不会有很大的差异。

我更大的质疑在于如何在经验世界中找到"宗教"。因为确定哪些是宗教哪些不是宗教，是"宗教生态论"的前提，不然无法谈论宗教的"生态"问题。研究宗教的学者，就像很多领域的学者一样，越研究就越不清楚何为宗教。有不少人甚至认为，并不存在"宗教"这么一个东西，它是特定时间、特定场合、特定历史背景下为了特定目的而搬弄出来的。例如，中世纪的"religio"与今天的 religion 相去甚远，很难将两个东西拿到一起比较。阿萨德（Talal Asad）对这个问题有较为详尽的研究，说的就是 religion 在近代中的"制作"（1993）。不管怎么说，religion 都以基督教为模板，像基督教就可以成为宗教，不像就可能不算。社会科学为定义宗教做了很多努力，不能说都落空了，但基本都被解构过，涂尔干、韦伯、埃里亚德、格尔兹等都如此。

芝加哥大学的社会学教授罗塞布罗特（Martin Riesesbrodt, 2010）写过一本《拯救的承诺》，这本书只有一个目的，就是重新定义宗教。这本书很有深度，但不算是很成功，因为解构的力量太强大了，而且比重新建构宗教容易。"宗教生态论"的出发点很好，却存在漏洞。无论如何，学术走到今天，给宗教一个简单定义，然后发展出一套有关宗教关系的理论，哪怕不是走不通的途径，也是异常困难的途径，在方法论上困境很大。

"宗教"在中国的命运，近年有不少研究问世。清末，虽然出现过很多"教案"，但也有保守的儒家学者认为基督教只是"巫"，不是"教"（Chen His-yuan, 1999）。其实，"宗教"作为一个概念在中国的历史并不长，高万桑（Vincent Goossaert）认为是 1898 年（2006：307−355），余国藩先生研究古代宗教的时候，也是将"宗"和"教"分开处理的（Yu, 2005）。今天，我们或许只能考察哪些人为了哪些目的向哪些人说什么是"宗教"。

例如，认为"宗教"是虚幻的、反科学的、反进步的，只是近代以来中国知识精英和政治精英的看法。"宗教"与"迷信"在 19 世纪末由日本引入中国，就是为了承担中国贫病落后的责任。因此，"宗教"从一开始进入中国就是一个贬义词，供启蒙思想者攻击（Rebecca Nedostup，2013）。从戊戌变法中提出的"庙产兴学"，到民国初期以世俗化为目的的"教会工程"，再到南京政府的"反迷信运动"，中国的近代革命和国家建设，基本以相似的看法对待宗教，知识精英和政治精英对此有较广泛的共识。这一持续的精英主义视角所造成的众多后果之一，就是遍布基层社会的非制度宗教现象，都无法称为宗教，有的甚至无法称为"迷信"，如婚礼丧礼等大量世俗生活中的仪式。

有的人建议用"精神"（spirituality，或译成"灵性"）代替"宗教"，如范彼德（Peter van de Veer，2013）。我个人的立场虽然没有那么极端，但仍然觉得使用"宗教"作为分析概念的学者，至少应该给读者做一些详细说明，你说的"宗教"是什么含义？为什么要这么看？为什么这么看比阿萨德等人高明？在实际的经验研究中，如何找到宗教与非宗教的界线？

研究生态，需要知道起制约作用的是哪些要素，需要一份宗教清单。但如果连宗教与"非宗教"的界限都是模糊的，那么这个集合可能会很"虚"，很难探讨生态问题，更无法探讨生态平衡问题。退一步说，即使能明确地找到"宗教"，宗教之间的关系也未必很重要，甚至连宗教和权力的关系都未必重要，重要的是当事人认为重要的那些东西。例如，神与信徒的关系，庙宇跟家庭的关系，以及宗教与经济、文化、亲属、生计、艺术、技艺、媒体、迁徙、商业、荣誉、身体、疾病、死亡、灾害等错综复杂的关系。

生态只存在于社会本身，而不是宗教之间。在美国，宗教能见度很高，绝大多数宗教都不担心制度化、正式化。但在中国，制度宗教的力量可能太弱了，准宗教、类宗教、半宗教层出不穷，而且非常活跃。在制度化不强的社会里，很难找到"宗教"与"非宗教"的界限，宗教之间的关系也不一定是要紧的事情。

总之，我的主要质疑是，在具体的社会生活中，我们很难离析出一个叫"宗教"的东西，很难区分"宗教"和"非宗教"。宗教生态论（包括宗教市场论）或许过于把眼光放在宗教之间的关系上了，忽视了中国的宗教生活大多是嵌入社会之中的，未被制度化的。

参考文献

中文

陈晓毅：《中国式宗教生态：青岩宗教多样性个案研究》，社会科学文献出版社，2008。

段琦：《宗教生态失衡与中国基督教的发展》，《当代中国民族宗教问题研究》（第4集），甘肃人民出版社，2009。

李向平：《"宗教生态"，还是"权力生态"——从当代中国的"宗教生态论"思潮谈起》，《上海大学学报》（社会科学版）2011年第1期。

牟钟鉴：《宗教生态论》，《世界宗教文化》2012年第1期。

英文

Asad，Talal

1993. *Genealogies of Religion*，Johns Hopkins University Press.

Chen Hsi-yuan

1999. *Confucianism Encounters Religion*，Ph. D. Thesis，Harvard University，

Goossaert，Vincent

2006. "1898：The Beginning of the End for Chinese Religion?," in *The Journal of Asian Studies*，65，2，2006，pp. 307-335.

Nedostup，Rebecca

2013. "The Transformation of the Concept of Religion in Chinese Modernity," in Perry Schmidt-Leukel and Joachim Gentz, eds., *Religious Diversity in Chinese Thought*，Palgrave，pp. 157-170.

Riesesbrodt，Martin

2010. *The Promise of Salvation*，Chicago：University of Chicago Press.

van der Veer，Peter

2013. *The Modern Spirit of Asia*，Princeton University Press.

Yu，Anthony

2005. *State and Religion in China*，Chicago：Open Court.

宗教生态，还是宗教关系？[*]

李向平

摘　要　目前中国社会的主要宗教问题，表面上似乎是宗教生态失衡，但其根源在于宗教关系之间的不平等、宗教信仰与社会交往结构的差异，以及神人关系与社会结构间互动机制的差异。与其讨论宗教生态问题，不如讨论宗教信仰方式何以建构的中介机制、宗教关系的法治化，乃至社会化与公共化等问题。以往基于制度宗教与扩散宗教的概念之争及其集中在民间信仰与基督教强弱大小之间的所谓宗教生态问题的讨论，实际上是掩盖了中国宗教信仰方式的社会本质。

关键词　宗教制度　宗教关系　重叠性制度变迁　制度依附主义

宗教生态论曾经提出的问题是否还继续存在？或者是换了一种形式继续得以存在？依我个人的研究与理解，宗教生态论的主要问题意识始终是立足于外来宗教与本土宗教、扩散宗教与制度宗教之间强弱关系，甚至是一种二元对立的关系——一个你强我弱、一方吃掉另外一方的关系，与对方下对手棋的格局。十年过去了，这种处理宗教关系的思维方式仿佛是越来越被强化了。这或许是宗教生态论能够再度被提出的背景之一?!

一　宗教研究如何成为"科学"

就宗教学学科自觉的核心问题而言，富有中国人文、社会乃至国家研

---

*　本文系国家社科基金重大项目"中国特色宗教社会学话语体系及其本土知识结构研究"（18ZDA230）、上海市教育委员会科创计划重大项目"中华文明信仰与当代中国心态秩序重建"（2019-01-07-00-05-E00011）的阶段性成果。

究特色的宗教学学科体系如何能够成为"科学"？如何建构具有中国话语特征的宗教学学科体系？做好中国宗教学建设，首先应该给研究者予以正名：搞"宗教学"研究的，不是"搞宗教的"，与宗教信仰或信仰宗教没有关系。如果说宗教学的学术研究恰好能够为宗教脱敏，能够为宗教更好地与社会适应提供证明，解释与梳理宗教与社会、文化、意识形态的关系，那么为宗教学研究所做的正名之事，就显得尤其重要。

学术研究与人们信教本不具有正相关关系。否则，宗教学研究就难以为宗教脱敏，也就难以成为一门现代人文、社会科学学科体系中的"科学"。换言之，宗教学的学术地位应该独立于宗教力量、宗教关系间的强弱关系，不应该受到宗教或某一个宗教发展的直接影响，方才能够具有独立的学科地位与批判功能，将宗教的知识系统给予专业解释，而不受制于宗教信仰体系的直接制约。所以，如何理解这样一个学科自觉的基本原则？"价值中立"无疑是作为当代中国宗教学学科建设的基本方法。

肇始于 1980 年代的当代中国宗教学，鉴于当代中国社会意识形态的总体制约，其研究取向大抵出自为中国宗教正名，建立中国各个宗教在当代中国社会、文化中的地位与社会功能，用世俗的话语表达，那就是宗教学研究在为宗教"讲好话"，建设一个宗教与社会皆能自在自为的新结构，但也由此形成了中国宗教学研究集中体现出来的功能主义困境。似乎离开了总体社会制约下的功能主义要求，宗教学研究便无法开口。当然，这里绝不是认为学术界不要为宗教界"讲好话"，而是不仅要站在某一宗教的立场说话，还要为营造宗教与社会之间的良好互动关系把话讲好。

如要讲好中国宗教故事，关键是一个理论方法的问题。单一宗教研究中的单一功能主义研究进路，久而久之，类似的宗教学研究形成了一个非常深层也非常凝固的单一的宗教研究维度，以至中国宗教学或宗教研究的学术构成，无不由各个宗教的名称来加以命名。即便是难得的宗教对话，也无不出自各自研究的宗教，并且以其宗教作为对话立场，最后只能是自说自话，缺乏公共领域与共享的方法论。

为此，伴随着学界对某一个宗教研究的逐步深入，被研究的这一宗教也就与研究该宗教的学界越走越近，最后促使这些学术研究早已形成单一的"宗教归属"维度，依教类而加以分别的宗教学体系。假若再加上长期使用的功能主义方法，致力于某一宗教在当代社会中的地位功能所做之证明与正名，那么，中国当代五大宗教研究领域的不同论作，如果把它们都放在一起来加以比较的话，这些论著对各自所研究宗教之社会功能之强调与发挥，几乎就在各个宗教之间构成极大的矛盾，难以和解。总是期待各自研究的宗教能够全面影响社会，而中国宗教社会目前又还是一个总体社会，其间矛盾在所难免。

更加严重的是，当不同宗教进行对话、交往，甚至欲以建构一个中国社会法治化基础上的平等宗教关系之际，各个宗教研究的学者有可能会为自己所研究的宗教出来站台。尤其是当某一种宗教运势昌盛，其相应的宗教研究领域也会水涨船高，交上华盖之运；而遭遇某一宗教走势下降之后，其相应的宗教研究者则会随之一蹶不振，渐渐消歇以至无声。

由此观之，宗教学研究的价值中立，应该是宗教学重建、宗教研究方法论的第一原则。而不同专业分野的研究，或宗教比较研究、宗教互动关系的研究、宗教关系强弱对比等方面的比较研究，建设中国宗教知识的独立系统，应当就是宗教学研究价值中立的基本保证。

就此而言，当下的宗教学研究不是一个学科，尚未建构成为一个具有当代学科分野的专业领域。这并非本土的经验与外来的理论概念之间的张力，而是学界在研究宗教学所导致的方法论问题，学界自己陷入长期使用的理论方法困境。

宗教生态论近似于此，似乎也是某些研究者在为某些宗教站台?! 其研究方法的倾向，大多集中于制度宗教与扩散宗教、外来宗教与本土信仰关系的纠结。

二 "宗教生态"问题后的"问题"

宗教生态论深藏了一个理论逻辑，那就是目前中国社会中的宗教问题，就是宗教生态失衡，而宗教生态失衡的根源即在于我们宗教关系之间的不平衡，而不平衡的原因则是制度宗教与扩散宗教之间强弱对比关系。对此，不少论点认为，国家的宗教政策主要基于制度宗教的立场，倾向制度宗教，而忽略了扩散宗教。

依据这些论点，1980年代以来30年宗教政策的基本特点即是支持本土宗教、建设以本土宗教为主导的宗教互动体系，但实际却事与愿违，反而是外来宗教得到长足发展。为此，应当改变宗教政策的基本导向，主动调整宗教政策，使之更加有利于本土宗教的发展。在这些问题之中，如下问题皆与宗教生态论紧密相关，构成了宗教生态论的问题意识或理论背景。

其一，宗教生态论的基本观点是：当下的宗教政策应该是受到了源自基督教思想及其规则的影响，总是趋向于对基督教发展有利的管理方式，比如，以"制度宗教"来定义宗教，以"迷信"概念来衡量民间信仰。情感上偏爱传统宗教，理智上却有利于外来宗教。

然而，证诸近代中国历史，一个众所周知的事实是，基督教在中国近代以来已成为被批判打击的对象。中国发生过两次规模巨大的反基督教运动：一次是 1900 年的义和团运动，一次是 1922～1927 年的非基督教运动。两次运动都引发了东西方冲突以及中国人民反对外来文化的严重危机。（杨天石，1993）

1924～1927 年的国民革命在中国近代历史上是具有重要意义的转折时期。1925 年成立的广州国民政府高举反帝国主义的旗帜。革命军所到之处，基督教会都成为国民革命的打击对象。毫无疑问，中国国民党及其领导下的广州国民政府对这个时期非基督教运动的发展产生了巨大的影响。（陈海军，2005）

因此，中国的宗教政策并非如学界那么简单的认识，以为它们深受欧洲基督教文化及其信仰传统的影响，故自然偏向或非常有利于基督教在中国的发展与强大。殊不知人们都已非常熟悉的著名论点"宗教是鸦片"，以及一个社会的变革必然要导致包括宗教在内的意识形态的相应变革，早已建构了改造宗教、改造社会、重建革命理想的历史逻辑。

实际上，宗教化的革命方式会极其自然地对待其他任何宗教，而出自这种重建历史与理想社会的宗教化的革命设计，乃是人类文明的共同基因。基督宗教有之，伊斯兰教有之，佛教有之……欧洲历史有之，中国历史同样有之，并非只有基督宗教的信仰传统才有。传统中国的"汤武革命"及其顺天应人的信仰传统，即是这样一种信仰基因。基于一种天命信仰、以德配天、"革命"与"受命"的内在矛盾及其二元对立，导致历史上改朝换代皆要以信仰传统的改变为基础，才能为其新时代及其权力统治方式提供神圣性与合法性的证明（李向平，2006）。这是国之大事在祀与戎、把握天下国家之权力宗教化要求所导致的历史结果。

其中的区别主要有如下两点。其一，古代历史中的改朝换代，这种神圣性与合法性的证明方式主要通过王者受命、有德者配天的方式来建构，而近代则是通过意识形态、思想学术的建构来实现。汤武革命实际上就是一个翻天覆地的信仰改造过程，辛亥革命也是如此——打天下的"革命"与"受命"封天下的王者信仰——"天命"末落了，传统宗教才能被近代以来各种意识形态替代，才有"五四"前后伦理、科学、美育、哲学，乃至当时的三民主义等各种思潮涌现。由此才能理解 1920 年代的非基督教运动。其间自有汤武革命的时代再版方式，亦有源自法国革命重建理想社会的要求。这些历史事实与中外革命历史运动的深层逻辑，是否符合宗教生态论的固有问题意识。

其二，传统中国的佛道教、民间信仰被误解为迷信，并非基督教与民间信仰之间的二元对立关系，当然也不是简单源自国外基督宗教传教士的作品。传统中国社会的民间信仰的界定源自国家管理国人的信仰方式，即区分为"正祀"与"淫祀"的方法，基督宗教在明代后期的传入，则是介入、强化了这一区别而已；但在基督宗教与中国民间信仰之间，真正发挥中介机制功能的，并非基督宗教，而是国家权力。基督教在中国对待民间信仰之如此所为，不过是为了教会内部成员身份的建构与强化，同时也是为了避免被同化于民间信仰而已。当然，对此问题的理解方式，直接与上述第一个问题紧密联系。

人类的早期文明都有民间的、底层的巫术记录。

希伯来《圣经》就有巫术记录，耶和华曾经让摩西施展巫术，在法老面前把手杖变成蛇，顺利出走埃及。欧洲中世纪也都盛行巫术、炼金术、占星术、魔鬼与预言……基督教的历史也有吸血鬼的故事，后来成为万圣节的渊源。当年所有死去的鬼魂都会回来聚餐，形成了基督教的驱鬼习俗。当然，基督宗教对此持强烈反对与排斥，如《圣经》所言："行邪术的女人，不可容她存活"，不能容忍异端的存在。整个中世纪以异端、魔鬼为名的宗教迫害等悲剧大多由此出现。

需要指出的是，欧洲历史中的教会信仰方式与民间信仰方式之间的互动关系，恰好就是基督宗教进行教会统治的一个工具。可是，不少论著以为，基督教来到中国之后，同样也是以欧洲教会面对民间信仰的方式来维持其教会的统治，即把民间信仰视为迷信，并直接影响中国权力当局对宗教的管理方式，这些观点其实具有很强大的迷惑功能：只要不喜欢基督教的人，便会很容易接受并认同这一观点。

但是，这些论著似乎都忘记了，基督教或民间信仰本非彼此直接面对的信仰关系。中国民间信仰之于基督教，或者是基督教之于中国民间信仰，它们共同面对的其实是一个具有深远而强大的以"正祀"为主体的信仰传统，并非欧洲中世纪基督教教会的统治工具。对于中国民间信仰，乃至佛道教的方法与态度，只是国家行政权力治理乡村社会、中国人信仰方式的一种方式，即以"申韩"法制面对"佛老"在民间之信仰对象，甚至也必然包括基督教的治理方式。这一点无疑是宗教生态论者长期忽视的问题，难得其中要领。

西方民间社会在 20 世纪六七十年代，女权运动与女巫文化同时复兴，成为一股当时反体制宗教、反现代性的现代文化思潮。它们还与当时的嬉皮士运动结合在一起，成为另外寻找刺激的民间文化运动。但是，它们是民间社会文化的自我与自由的选择。

比较而言，当代中国社会中的基督教与民间信仰同时都要接受相同的管理方式，尽管前者来自宗教管理部门，后者大多来自地方政府文化管理部门，但就当下民间文化的互动方式而言，其活动空间及其获得的社会资源远比宗教活动的空间要大得多，基督教教会则无权以民间信仰的直接对立作为自己的统治工具，大多局限为教会成员内部自我认同、强化其教会成员身份的方法之一。虽然此二者经常在日常民间社会相遇，但在其制度层面，国家行政权力却更是它们交往、互动的中介机制。至于民间交往，它们之间基于信仰方式的不同而导致某些冲突，大多是属于法治化关系范畴，局限于国家治理范围之内。

中国的民间信仰，究其社会学的本质而言，即是中国民间社会行动类型及其逻辑的一种表现方式。而建构了民间信仰与官方信仰的中介机制，就是分割、管理中国人信仰方式的公共权力。

中国传统信仰的实践方式，长期以来就存在两大层面，即精英和草根社会。如同荀子讲的"君子以为文，百姓以为神"，其后体现在民间信仰层面，就是"正祀"与"淫祀"的分别。这是一个信仰方式的问题，而非信仰关系本身的问题。对信仰的正、淫之际的定义方式不一样，构成了信仰方式之间的差异。换言之，定义中国基层社会民间信仰的方式，是中国历史文化的产物，绝非来自欧美基督教定义的结果；民间信仰的被定义，实际上是"国之大事，在祀与戎"的产物，当然不是明末或近代以来欧美基督教的对立物。

"国之大事，在祀与戎"，既是中国信仰传统，同时也是中国权力神圣性的建构过程。传统的政治权力逻辑，乃是以"戎"的方式，建构起"祀"的正当性与统一性，乃至排他性。在此基础上，凡是那些不在国家祀典之上的祭祀对象与祭祀体系，皆为淫祀而被置于民间社会底层。这是以"国家大事"为话语方式及其权力得以建构起来的民间信仰冲突，不是后来以"制度宗教"定义"扩散宗教"的方式。它们只是国家权力建构"宗教制度"（而非"制度宗教"）的要求与结果。相对于统一的国家权力来说，制度化的信仰方式或宗教组织更加容易治理，而散乱在民间社会中的信仰及其组织反而不易治理。当然，即便是"淫祀"类的民间信仰并非没有组织和制度，只是民间信仰的制度与组织都是非正式的制度、非法的组织而已。这点已为学界的相关论著深刻证明。

孔飞力（2014）的名著《叫魂》，通过分析在浙江德清县出现的"妖术"，揭示了正祀与淫祀之间的冲突与变迁。叫魂案件充分反映了朝廷官员对民间信仰如"叫魂"的态度和处理方式。

各级地方官员当然不那么轻信叫魂"妖术"，但他们有守土之责，担心民间妖术可能对地方治安造成不良后果，所以他们不得不认真对待。"他们之所以这么做，是官僚制度的逻辑使然，因为如果上级知道有过多的案件在自己所管辖的区域内发生，将肯定影响自己的升迁。"（孔飞力，2014）乾隆皇帝则认为，不管叫魂之妖术本身是否可信，妖术的威胁及其背后所隐藏的政治阴谋是确实存在的。有人正在利用剪辫妖术来煽动汉人对清帝国的仇恨，并阴谋挑起叛乱。当他一得知地方上的叫魂恐惧情形，就立刻发动了对妖术的清剿。对照《大清律例》《刑案汇览》等书，清朝统治对"巫师、邪术、谶纬、魔魅、妖言惑众"等格外警惕和防范，既运用常规的行政手段，又任意采取异常的武断手段，行使最高统治者的权力来处理以"叫魂"为主题的民间信仰事件。对割辫"叫魂"巫术的恐惧，反映了当时官民、士绅对奸僧妖道的厌恶和惧怕心理。

在此波及全国的民间信仰事件中，道士、和尚和最下层的流民成了替罪羊。虽然"叫魂案"的主角是流浪者、乞丐、游方僧等，都是最下层的社会民众，按照常理他们应得到人们的同情，但事实上，民众对他们不仅不同情，反而如瘟疫般地躲避驱逐之。"普通百姓在上苍与实际政治之间起着一种调停的作用。一个没落王朝若是失去了天命，其信号便是民间的动乱。反之，一个王朝若属天命所系，其象征便是百姓的安居乐业。从这一意义上说，妖术可被视为帝王上天崇拜的一种'黑色'对立物。合法的祭祀会使百姓产生国家稳固并会给他们带来好处的信念；同样，妖术会给人造成不稳定和大难临头的印象。"（孔飞力，2014）由此观之，被视为淫祀的民间信仰，不过是国家权力管理民间社会的一种特别的方法和特殊的治理技术而已，其对应的是国家定义的"正祀"信仰结构。类似叫魂等民间信仰事件的处理方式，它们建构起来的正是一座宗教化的权力结构。这种现象，即便到了现代中国革命时期，还可以看出其中的端倪与奥妙。不过，此时遍布于乡村社会中的民间信仰，成为农民革命的对象。但是，其中的历史逻辑则是基本一致的。

三　信仰关系，还是社会结构？

一个常见的现象是，当代中国社会中民间信仰与基督教的冲突大多集中在乡村社会，而非城镇化或正处于城镇化过程中的社会生活之中。一、二线城市或三、四线城镇社会区域，几乎不存在基督教与民间信仰的冲突。宗教生态论好像没有讨论乡村中的基督教与民间信仰关系，特别是没有讨论那些普遍存在于城乡之中的基督教与民间信仰之关系。

民间信仰大多附着于土地层面，土地管理成为乡村管理中的重大问题，而城市的管理对象更多的是不同单位、事业机构、各类社会组织，而非人与土地直接的管理方式。民间信仰在城镇社会中如果要正常进行，就只能以组织的、社团的形式。这不是来自欧美基督教教会的特点，而是现代文明运作的基本机制。所以，正是城镇社会等组织管理的形式，以法治化的、制度化的关系隔开了民间信仰与基督教的直接冲突。这一个隔离，究其社会学本质而言，既是不同信仰方式需要以不同的交往结构作为支持，也是社会交往结构、人与土地的关系所导致。

一个是乡村文明结构、农业文明方式，一个是城市文明运作机制，不仅仅是熟人、地缘关系，而是陌生人、公民、职业关系，一个宗教的信仰方式也无不需要通过这些关系才能得以建构起来、发挥作用。乡村土地关系中常见的风水信仰关系，也是最容易与基督教信仰方式发生冲突的问题。移动至城镇社会生活之中，那些充满智慧的风水师或仪式专家，无论收取多少佣金也无法建构一个铺天盖地的信仰假说，认为陌生人、其他建筑关系的介入要破坏风水结构！即便他如此说了，也无济于事。风水信仰者就只好在自己的地盘中做些仪式，以之弥补，以之祈福，他人的地盘侵犯不得。

传统信仰方式及其社会关系的稳定性或同一种信仰方式所曾共享规则的存在，使信仰实践者能够明白或把握一种信仰方式如何实践、操演，便会产生什么相关的后果。但是在亲戚朋友与陌生人夹杂在一起、职业之间高度竞争、生活方式多元化、居住条件具有很大差异的城镇环境之中，固有信仰共同体的关联群体就不再恒定，而固有信仰共同体关系群体内的规范、原则，已经无法在新环境下发生作用，如同城镇里的交往关系，不再是乡村的土地，一个人能够说了算。

至于城镇化过程中民间寺庙拆迁等问题，如何在城镇化过程中为民间信仰预留空间，那则是另外一个问题。至少，民间信仰与基督教的交往关系已经各自为界，界限相当明确。它们之间的交往方式，是彼此冲突，还是相安无事，就不再是一两个仪式专家、风水师能够定义的信仰关系、利益关系。民间信仰与基督教各有空间与神位，能够做到井水不犯河水。

通过城乡中的信仰关系比较，非常明显的问题是，这并非制度宗教与扩散宗教之间的冲突问题，而是社会文明结构的问题；并非基督教作为制度宗教之强势，战胜了扩散形式的民间信仰，这是信仰方式中的人群交往方式问题。即便是当下乡村基督教的大力发展，实际上也还是一个文明结构的问题。

杨庆堃（2007）的"制度宗教"与"扩散宗教"等概念，究其研究方法，已经过去70多年了，如今看来十分老化，但却成为当下研究中国宗教、中国信仰关系的一大陷阱。

一旦言及中国五大宗教、传统信仰与外来宗教之关系，只要使用了这一概念，好像就能够解决任何问题。基督教作为制度宗教，其与民间信仰之对立、冲突，必然就是制度宗教所造成的结果。殊不知，民间信仰与基督教教会之外部对立关系，并非制度与非制度建构出来的，而是如同上述所言，乃是固有的权力秩序建构出来的。欧洲基督教曾经是教会统治工具，但是中国基督教无法把民间信仰视为教会的统治工具，基督教与民间信仰同为固有的权力秩序的建构对象与过程。似乎我们只要把民间信仰的组织给予一个制度的建制，其中的问题就能够解决了，或者是以制度宗教对决制度宗教。

问题是，民间信仰没有组织与制度吗？淫祀没有其固有的信仰方式及其社会关系予以支持吗？地方关系、家族关系、熟人关系、庙会关系等，都予以民间信仰强大的制度支持。只是这种制度在国家祀典、正祀之信仰方式看来，属于非正式的制度而已，神圣性与合法性不足，但这种不足并非源自外来宗教。

这就是本文需要提出并以讨论的问题，宗教关系是宗教制度论，还是信仰关系论？

杨庆堃关于制度宗教的概念以及关于制度的讨论，依据现在经济社会学新制度主义的理论方法，也应该重新讨论了。

宗教信仰方式的制度化为什么不好呢？还需要学界煞费苦心地去论证"制度宗教"不利于国家认同？！不利于社会和谐？！难道信仰关系、信仰方式的"制度化"不好吗？制度化的信仰关系，可以使信仰关系受到规则的约束，可以增强人们对信仰实践后果的预见性，能够使一种宗教信仰具有一定的共享标准，而不是随心所欲。同时，制度化的行动方式也是一种约束，是一种对信仰方式得以预期行为的创造，在信仰者个体和宗教整体、社会交往之间，建构一种确定性的价值关联。

最主要的问题是，杨庆堃的制度定义方式是静态的，缺乏对制度变迁的讨论与把握。制度变迁本质上就是行动者之间的互动过程，任何看起来稳定而顺利的制度变迁都会隐含着行动者之间特定的交往方式，即便是最弱势的行动者都会有最低限度的自由余地来对制度变迁的过程产生影响。

依据制度经济学家的观点，制度变迁可以分为强制性制度变迁和诱致性制度变迁两种形式（林毅夫，2014）：前者主要是指由国家通过行政权力和立法手段等外在强制力量推行制度、变革制度的一种制度变迁方式；后者则是指部分行动者在对制度不均衡所引起的获利机会所进行的自发性变迁。宗教制度或制度宗教，都有可能发生这种变迁。

为此，上述概念工具可以被运用到中国宗教信仰关系的讨论之中，一方面研究经由国家所主导的宗教制度所导致的强制性制度变迁过程；另一方面也能够发现不同宗教信仰方式的构成与发展包含着某种诱致性的制度变迁，而这种诱致性的制度变迁也是调节中国宗教信仰方式的重要形式与力量，而扩散宗教可能对宗教制度发生诱致性的制度变迁，如叫魂事件所揭示的那种力量。

实际上，所谓制度除了正式的规则之外，还包括非正式程序、日常惯例等，甚至是宗教观念、信仰关系也能够被视同为一种制度安排。正是因为重视宗教观念、信仰关系的作用，新制度主义在展开制度的研究分析时，非常强调把制度分析和观念、信仰等其他因素结合起来，并认为制度与观念之间存在着某种一致性。这就充分肯定了即便是扩散宗教，也有存在于其中的制度要素。

另外，杨庆堃的制度宗教概念，并没有分清什么是制度宗教、什么是宗教制度，所以就无法讨论正祀与淫祀之间的制度异同，无法深入讨论宗教制度在中国祭祀方式中的具体地位与控制功能。与此同时，在其制度宗教的概念之中，也能分清正式制度与非正式制度之间的异同、信仰方式与制度建构之间的内在关系。只是使用一个制度与扩散的概念，就湮没了中国宗教及其信仰方式的各种特征。

与杨庆堃的讨论恰好相反，不是制度宗教，而是宗教制度，一方面能够对不同宗教之信仰方式、不同信仰行动者的最终行为结果产生最重要影响，进而形成不同的社会力量对比格局，既定的制度安排对各种信仰方式及其力量对比有着重要的维护作用，同时以这种力量对比构成了制度维系的内在张力；另一方面，宗教制度对信仰方式及其宗教行动者的行动方向和行动方式，以及它们对自身与其他行动者的关系判定具有强大的制约作用。任何一种宗教信仰方式及其宗教行为者的利益判定并非产生于真空，而是基于对特定制度结构的规定而产生。在此宗教制度的制约下，民间信仰与基督教同处于一种制度架构之中，尽管此二者存在一些制度的稳定与强弱方式上的区别。

讨论类似于基督教与民间信仰关系等问题，不能局限于"制度"与"扩散"两个概念，把它们建构为一种分割彼此的制度。民间信仰方式的主体虽然是个人、家族或同一村的居民共同组成的群体；其信仰虽然是自发的、自下而上的、局部的现象和行为，但同时也是一种制度供给，它为个人和地方乡村所提供特定的信仰方式与交往规范，为民间社会提供了一种生活方式，恰好是中国的民间行动逻辑。但是，恰好相反，所谓制度宗教如基督教虽然是社团式的、存在教会组织，但其信仰方式却在宗教制度的制约之下则无法为其信仰者视同一种制度供给，被教会成员认同为一种生活方式，只能形成一种扩散性的信仰方式，或者是如我所讨论的私人化的信仰方式，只能走进教堂之中才能体现其固有的所谓制度性。这就很能说明在民间信仰与基督教的双重关系之上，存在一个宗教制度，分别对二者提供着强大的治理技术，进而建构了宗教信仰方式层面的"依附性制度主义"与信仰方式的私人化倾向。

如果说，理性选择的制度主义一般将制度定义为功利性的层次，认为制度是理性的个体为了解决集体困境所做出的策略性算计行为，它遵从"偏好—制度（约束）—行为"的逻辑；但社会学制度学派则将制度界定在更加宽泛的层次，往往将制度等同于文化的概念，认为制度不仅包括正式的规则、程序、规范，而且还包括为人们的行动提供意义框架的象征系统、认知模式和道德模板等。

为此，社会学的宗教制度分析应该是与组织和正式组织所指定的规则和惯例相连的，其制度是指嵌入政体或政治经济组织结构中的正式或非正式的程序、规则、规范和惯例。这就决定了宗教制度之研究更应当关注国家与社会制度的整体规范是如何影响宗教行动者如何确定其利益，以及如何构建起它们与其他宗教、社会组织、团体之间的权力关系，诸如宗教间的交往关系、不同宗教信仰方式之间的冲突与控制、不同宗教的结构和组织等。它们都属于制度与宗教制度的范畴。如此，我们就超越了制度宗教与扩散宗教间的二元对立，整合为现代社会宗教之间的交往关系，最后建构为一种非常特别的"重叠性制度变迁"的概念工具，从依附性制度主义视角同时梳理民间信仰与基督教等信仰方式的特殊性与共同性。

四　法治化的宗教关系

依上述讨论，宗教问题论域中的制度变迁是一种渐进的、重叠性变迁，是一个不断演进的过程，而非制度设计的产物。虽然宗教间信仰方式的异同会在不同程度上构成不同深度的制度依赖，但一个法治化的宗教制度也能通过塑造宗教行动者的信仰方式，通过协调其合作与冲突的关系，来构造宗教政治的情景，并对其社会、政治结果产生重要的反作用。

因此，宗教生态论所包含的问题甚多，但其中最关键的问题是：面对当代中国社会中的宗教关系，为什么会形成这种误读、误解，甚至是曲解？该问题可归纳为如下两个层面。

1. 研究方法层面

局限于宗教神学层面，局限于宗教功能主义方法，忽略了宗教与社会、法律等的关系，直接把外来宗教与本土宗教建构为二元对立的方法，以至在文化层面逐步会形成自我独尊、排他对立的文化帝国传统。

神学层面的排他与宽容，那是该宗教的内部教务，而非如当下定义的"宗教工作"内涵，也不是宗教与社会、宗教之间的公共交往事务，所以不能替代，也不定义为该宗教信仰方式层面的排他与宽容。看一个宗教是否排他，一定要从信仰方式维度、该宗教进入社会的方式入手，才能把这个问题讲清楚。

2. 时代语境的建构方面

宗教生态论会直接影响"中国例外论"，促使社会百姓很容易形成"中国是一个神"的大众话语方式，以为并且强化任何外来的其他神灵与中国神就是不一样的，再加上"非我族类，其心必异"的信仰传统，可能极大地弱化当代中国是一个多民族、多宗教多元一体的国家特性。

华夏文明的信仰特质并非单纯的无神论，也并非单纯的有神论，而是人神关系之间的互动与交换。华夏文明中几乎所有中国人崇拜的神灵，皆为人神转换的结果、皇权封祀的产物，如炎黄崇拜、孔子祭祀、财神、城隍的崇拜、妈祖信仰等，即便山川河流等自然神灵，也都要依据正祀与淫祀之间的关系平衡，决定了神人关系、信仰关系的正邪或强弱，是全国性祭祀，还是地方性祭祀、族群式崇拜核心，还是家族性地方崇拜。华夏文明在信仰方式层面的特质，即是以人之崇拜、圣人之崇拜为核心的文明体系文化。大凡是皇权封祀过的神灵，几乎就是全国性的神灵，最具有社会影响功能的神灵。

宗教之间的竞争与排他关系，良性竞争与恶性竞争关系，是否就直接取决于一神或多神信仰方式？民间信仰之间神灵之间，他们的人间代理人之间的竞争，也会建构为宗教信仰方式的排他性与独尊性。依据中国老百姓的信仰传统及其说法，一个人要是同时信奉好几个神，那也会在他身上或他交往的人群中间发生冲突，导致疾病、死亡或其他不幸事件。

关键的问题，不是在于信神的多少，信仰一个神还是很多神，最致命的问题是，神灵之间的竞争关系如何成为人群、社区、社团、社会区域中良性、理性的互动关系，取决于社会实践方式、社会文明结构。它们才能够决定一个宗教的排他性及宽容性。无论如何，我们不能局限于神学层面来讨论一种宗教信仰的排他性与宽容性。在一个现代法治社会之中，良性竞争、恶性竞争关系，取决于信仰方式，取决于信仰者的公民素养，而不取决于一神、多神、无神的崇信方式。

为此，在中国社会之宗教关系之中，人之是否排他，权力是否排他，决定了其信仰之宗教是否排他，决定了面对其他宗教是否排他的可能。主要是人的问题决定了华夏文明的精神特质、决定了宗教的信仰方式及其宗教关系。从此视角来说，宗教关系的法治化、公共化、社会化，才是处理当代中国宗教关系的最佳路径。

换言之，对任何一个宗教信仰方式而言，宗教关系的处理与交往都应该是公共性的与社会性的。"神"在当代中国社会的竞争，竞争的法也应该与此相应地成为一个社会的事情，法律的事情，而非私人的、非理性的、单纯情感方面的事情。

严格地来说，基督教不是中国语境中的"制度宗教"，反而我们应该深深地体会到"宗教制度"对所谓"制度宗教"的地位与影响。这个宗教制度是制度宗教的结构性制约条件，同时也是中国五大宗教以及民间信仰、民间宗教的行政共享制度及其依附性制度主义。唯有公正与平等的宗教信仰关系，才是我们更加期待的宗教关系。

因此，与其提倡宗教生态论，不如提倡宗教信仰方式、宗教关系的法治化、社会化与公共化。如果一味地强调乡村结构、农业文明及其信仰方式或共同体神话，一个风水信仰结构就能够盖天盖地，如要维持这个传统，唯有在社会人口、物质生产皆处于静止不变的状态之下才能得以实现。或许，这已经违背了宗教生态论的初心与本意了。

参考文献

陈海军：《中国国民党与非基督教运动（1924-1927）》，硕士学位论文，山东大学，2005。

〔美〕孔飞力：《叫魂：1768 年中国妖术大恐慌》，上海三联书店，2014。

李向平：《信仰、革命与权力秩序——中国宗教社会学研究》，上海人民出版社，2006。

林毅夫：《关于制度变迁的经济学理论：诱致性变迁与强制性变迁》，选自《财产权利与制度变迁》，上海人民出版社，2014。

陶飞亚：《共产国际与非基运动》，《近代史研究》2003 年第 5 期。

〔美〕杨庆堃：《中国社会中的宗教：宗教的现代社会功能与其历史因素之研究》，范丽珠等译，上海人民出版社，2007。

杨天石：《中国非基督教运动（1922-1927)》，《历史研究》1993 年第 6 期。

都市宗教的区域生态：
反思基督教研究的方法论[*]

曹南来

摘　要　近年来，学界热议当代各主要宗教在快速发展过程中产生的生态失衡问题。其中一个观点认为，基督教作为一种传教式宗教的强势发展，破坏了特定区域原有的多元宗教生态。围绕这一"宗教生态论"所产生的正反两极意见在某种程度上都将"生态"当作一种处理宗教间关系的隐喻，而未足够重视现实中各宗教的地方社会处境，尤其是宗教与非宗教领域的张力与动态平衡关系。宗教并非边界清晰的、固化的范畴，而是不断演进的大众意识的存在方式。都市市场经济这一生态框架有助于我们更好地理解区域基督教的发展演变。

关键词　宗教生态　都市宗教　基督教人类学　田野方法

宗教作为人类社会的普遍现象，其实践与传播往往高度依托于特定的社会、历史与自然环境。对人类学者而言，理解任何鲜活的宗教（lived religion）都离不开对支撑信仰实践的日常生活与具体仪式的深刻认知。本文将结合笔者十多年来从事基督教田野调查的实践经验，谈谈如何在方法论意义上凸显都市宗教生态的重要性，以及田野研究者可能面对的一些潜在困境与议题。

改革开放以来，宗教活动的复兴已经成为中国社会生活中的一个热点。

＊　本文系国家社科基金一般项目"当代中国宗教民族志的理论与方法研究"（项目编号：22BZJ057）的阶段性成果。

据海内外观察者的估算，当下中国新教信徒已构成一股不容忽视的社会力量。这些基督徒在社会阶层、年龄代际和性别分布上越来越多样化，比起过去以农村教会为主体的状况发生了很大变化，形成了更为多元化的中国教会新景观。尽管在一定程度上受到海外的影响，中国基督教已经完全有了自我发展和扩张的动力和态势。各地方的教会大多已深深嵌入社区的历史文化和记忆，形成一种地方或区域性的信仰传统与文化。如何解读这样一种区域社会生态的隐秘产物，是摆在人类学者面前的一大方法论难题。

说它"隐秘"是因为强调神圣文本无误（inerrancy）的基督教社群并不愿意承认"宗教生态"这一概念的有效性，或存在不同的社会和文化世界对信仰的形塑与影响，并且本能地抵触对教会开展社会科学传统下的客观研究。信徒们与传统意义上的宗教学者往往倾向于认为只有在宗教教义与仪式中才能领悟何为真理、正确与良善等宗教信息，而日常生活中言行举止等文化习惯上的革命（revolution in habits）及其附带的非正式隐性宗教含义则通常被有意或无意地忽略。①

以"慕道友"身份从事基督教研究的人类学者在最初进入田野时大概都遇到过这样的尴尬。当表明基督教研究者身份后，研究者往往会被受访人要求通过《圣经》去理解基督教，而受访人并不愿多谈自身的（在特定生态中的）宗教生活与实践。在从事田野调查的过程中，我也经常听到教会内部类似"现在不信的人也研究教会，但是还是信的人研究得好"和"非信徒是不可能做好教会研究的"这样的言论。这里的"好"当然不是指客观的、科学的意思，而多是从提升教会形象和帮助传播福音的角度来说。"研究"是一种携带批判性的审视，所以信徒们会时常谦卑地说我们来聚会是学习神的话语，但不是研究神，而是被神研究。

在这样以信仰为中心的话语框架下，"生态"并非具体的社会自然和空间环境，而是抽象的认知框架。这与以强调普遍的信仰法则为基础的理性选择理论在认知不同国家与地区的宗教发展的进路上，具有出人意料的同构性。以抽象的市场隐喻代替现实具体的市场生境，《信仰的法则》几乎以一种不容置疑的方式传达了它的信仰立场（罗杰尔·芬克、罗德尼·斯达克，2004）。这时常让人联想到凡事强调以神为中心的教会传道

---

① 有关基督教皈依过程与日常生活变迁的"习惯革命"的论述，参见 Comaroff & Comaroff，1991。

人劝导他的慕道友们，听了这么好的福音，不能不信。然而，欧洲的世俗化状况已经清楚表明了理性选择理论的局限性，北美基督教生态区位同样值得研究者关注（Berger et al.，2008）。

在研究嵌入中国都市市场经济中的基督教时，我们很难用不同的"宗教市场"或多样的"宗教产品"这类概念模型厘清基督教与现代经济的具体关系。因为，这些概念本身也常被有企图心的教会领袖与基督徒企业家所运用与实践，来描述宗教间的竞争与展望，实现宗教内部的发展与创新。在沿海发达地区甚至有部分中青年信徒提出要以信仰为平台整合经济资源，在信仰的名义下做生意与拓展自身的生意圈。与其说他们在实践强调"理性人"的信仰法则，不如说这是圣俗同构的区域文化生态框架下人们在宗教与世俗经济两个领域同时追求极致的表现。

现实中，教会本身并没有形成新的社会资本类型的机制，往往只是提供了一个利益团体聚集和交换信息的社会空间和场所。有商业头脑但是没有启动资金的信徒很希望教会能为他们提供机会和关系网络，但是因背后没有实业的支撑，他们很难与企业家信徒在商业合作中平起平坐，教会里讲的无条件相信或交托在商界是不被接受的，这点企业家信徒自己也是心知肚明。这本身也反映了宗教和商业两种不同的知识生产模式。对相信神迹奇事的信徒来说，也许成功会一夜之间来临，诸如突然获得一笔注资或被邀请加入一个大的合作项目，这种千禧年资本主义（millennial capitalism）对地方社会的渗透，反映了人类冀图借助宗教神秘力量满足自身越发膨胀的消费主义欲望的企图。当前全球经济社会中弥漫着神秘主义特质（enigmatic features），新自由主义文化影响下的个体更为重视对物质利益的功利性追求，而非所属特定社群共同体的集体要求（Comaroff & John Comaroff，2000）。中国基督教的都市文化也不例外，在经济与信仰的理解上充斥着语言上的敬虔主义与行动中的个体主义成功学。

谈到经济改革时期中国基督教的迅猛发展，很容易让人联想到马克斯·韦伯有关新教伦理与资本主义精神的论述。这里我想再次指出，在当代中国经济与宗教信仰之间不存在任何必然联系，两者间的关系是由很多历史偶发性与区域生态因素决定。在发达都市地区的教会里面常会听到商业有成的信徒公开讲自己已拥有的经济财富是神的恩典，自己要如何回馈神，所以放下了世俗的工作，决定全力服侍教会。这样的信徒不在少数，尤其是在经济突然走入低谷时，但真正"放下"的人为数不多。随着资本市场的发展，大多企业家都有多样化的投资，尤其反映在房产上，基督徒企业家也几乎无一例外。据一位专职的讲道人讲，所谓"放下"只是自己不用做事，但是（靠资本）赚的钱或收的租金可能更多。在这里，敬虔与成功获得了完美的结合，甚至敬虔是为了带来更多、更大的成功。这样的信仰态度显然和加尔文主义影响下的工作伦理大相径庭。

涉及沿海开放城市经济的发展因素，与其大讲商业伦理，不如运用更广的区域"商业文化"这个生态概念。在历史上，这些地区重商的文化绵延不绝，塑造了宗教与世俗的生活领域。在当代转型经济中，作为商品的"性"是商业文化的重要组成部分。蓬勃的性产业为私营经济的发展提供了润滑剂，甚至成为一些城市向海内外招商引资的硬件。海外华人人类学者的田野研究更突出表明商业的"性"已经成为都市商业仪式中不可或缺的一部分（Osburg，2013）。

大量的、长时段的、系统的实证资料表明，30年来都市性产业对私营经济的推动远远大于基督教对整个商业领域的影响。尽管这几乎是不争的事实，但是我们并不会贸然歌颂堕落的世俗伦理观对推动经济的积极作用。同样的道理，我们也不应因为韦伯的经典理论和一些中国企业家是基督徒，就盲目寻找基督教伦理与中国现代商业发展之间的因果关系。温州的经验表明，基督教以及私营经济的发展是并行不悖的，这种共同发展的关系很大程度上是区域生态的结果。而私营经济似乎对基督教的快速发展负有主要责任。下面笔者将简述研究都市基督教的区域生态的方法论意义。

笔者重点考察的温州市，是改革开放以来商品经济发展最快的区域之一，以"温州模式"而著称。这一人类学民族志的个案研究，主要建立在笔者对温州市基督徒群体近两年连续不间断的田野调查基础之上。虽不可能涵盖整个温州地区基督徒群体的情况，我的观察与分析核心聚焦于民营企业家阶层信徒是如何从现代化发展中汲取上帝信仰之意义与动力，将财富转变为灵性与道德资源，同时还重点关注新兴都市教会与改革导向国家之间的政教关系，以及宗教与世俗活动的边界是如何在城市现代性变迁中被不断界定的。而这折射了中国现代化进程中，新兴阶层形成和不断自我定位、寻求文化合法性的普遍现象。虽然企业家基督徒在教会中的比例并不占多数，他们所拥有的社会地位和话语权，却在很大程度上主导了教会的发展路线、形塑了其权力结构，并在与政府的对话中，为基督教争取到更大的活动空间，这构成现代温州教会在经济转型期的标志性区域特征。

有别于传统宗教学和宗教社会学侧重研究文本和制度的视角，人类学的基督教研究更为关注基督教的日常性与社会性，即涉及信仰与个人安身立命的联系，以及信仰与日常生产、生活互动中所产生的特定文化形式与意义。如今的沿海都市社会，基督教不再只是停留在教会组织框架内的思想信仰，已经进一步影响并改变着人们的日常生活与社会秩序。

这就有必要以宗教徒主体作为研究的对象，从他们的经营管理、衣食住行、婚丧嫁娶、生命周期的仪式、关系的建构、感情的维系，以及个体的发展等日常生产、生活的角度入手理解与诠释。除了体现在具有明确宗教含义的宗教仪式上（诸如基督教的祷告、读经、唱诗、洗礼、圣餐），信徒的许多日常社会实践虽被赋予明确宗教意义、拥有明确的宗教目的和宗教热诚，但其本身不一定具有宗教性和灵性的表达形式。其间甚至可能包含一些建构特殊主义关系的活动，诸如比较直接的请客送礼，或间接以"慈善"或"捐献"为名的财物流动。我们有必要放弃对社会性与灵性简单的二元对立的看法，转而更多关注二者间的互动关系及其互相建构的过程。毕竟，没有任何一种信仰可以在社会文化的真空中存在。

人类学的中国基督教研究还试图超越中、西二元对立的框架去探索中国基督徒自身的意义阐释，即不再依赖传统的中国人向西方宗教皈依的解释框架，而把基督教放置在中国特定的区域生态框架中去检视，尤其关注在中国现代化、城市化和全球化的同时，本土基督教不断变迁和发展的过程。事实上，宗教组织与宗教个体无一不是在特定地域的历史、文化、社会背景下，与世俗国家和社会互动中生存发展起来。每个宗教个体都无可避免地嵌入复杂的社会角色与多重的意识形态和文化结构之中。

笔者对温州基督徒的信仰、阶层、地方和性别认同及其相互之间动态关系的考察，便力图展现人们是如何在一个地方建构一个"世界宗教"的社会文化过程。把中国基督徒视作地方文化知识生产主体而非被动的西方知识接受者的框架，会给我们提供一个研究宗教变迁动力的全新视野，有助于把中国基督教的发展当作研究中国社会文化变迁的一面重要透镜。

人类学者对很多宗教体验的主观表达（如见证和分享）的解读，大都有别于受访信徒自己给出的版本。在搜集生活史的过程中，笔者经常会遇到一些访谈对象欲言又止、讲话中前后矛盾，或基于宗教情感而叙述明显偏离事实的现象，这时我并不十分在意受访者的表述是否严丝合缝，而更关心如何解释这种模棱两可，并从中提取概念化的认识。在材料的选用上，我不仅会分析有利于自己观点的论据，同时也试图加入不支持我的反面证据以挑战自己最初的假设，以及不断修正和调适自己的理论框架与解读，只有这样才能展现生活本身的矛盾复杂性；另一方面，从一开始我们就应尝试最大限度地接近研究对象，为读者展示受访者对一些体验与意义叙述的全貌，使他们能够从上下文、谈话的背景，以及谈话者的社会经济位置等语境来对素材进行整体把握，身临其境地理解有关意义与认同方面的主观建构过程。

为了应对田野中存在的大量不确定性、模棱两可性与偶然性，研究者还需把资料收集过程转变为一个研究者与研究对象互动的数据生产过程。事实上，研究者在田野中收集到的不可能是一种"原生态"的资料，而必定已被其自身田野实践所影响和改变。诸如灵性、虔诚等主观倾向，并非信徒自我宣称的或可以不证自明的内在特质，而是一种在人际互动中需要向他者表达和自我形塑的动态过程。因此，所谓人类学民族志的资料，主要是在研究者与被研究对象以及在被研究对象之间互动的过程中，尤其是互相对话中产生出来的。这一点在涉及基督教的田野研究中更为明显，因为作为一种强调"说"的宗教，不论是讲道、查经、读经、祷告、做见证和分享，还是向非信徒传播福音，基督教都强调对特定宗教语言的运用和讲者角色的扮演。这里和民间信仰中强调仪式行为似乎有很大区别，或者说在基督教的场域里常常"说就是做"。毕竟，对基督徒身份的一个重要判断依据，就是要"口里承认"。

既有当代中国基督教的研究已经从不同学科背景提出了若干不同的理论来解释改革开放以来基督教快速发展的现象，说明了我们从不同侧面认识这一重大现象的本质。不过更为引人关注的应该是还在我们眼前不断发展的现象，尤其是新的文化特征、区域性差异以及宗教意义的变迁。都市基督教个案不仅是中国现代化发展的一个简单脚注，这种都市宗教组织与空间的发展，丰富了民间自发组织的方式与建构社会资本的能力，并且提供了一个协商都市商业现代性的平台。它也体现了一股强而有力的地方草根文化力量，创造性地参与适应、挑战以国家及全球市场经济为主导的世俗现代性。这提示我们，从社会科学的视野审视处于城市化、现代化、全球化潮流中人们宗教活动的走向，具有极为重要的现实意义。我们有理由期望中国宗教实践，成为促进经济与社会发展的宝贵文化资源。

伴随都市基督教的兴起，我们也看到与之相关的种种争议甚至是非议。近几年在社会上兴起的抵制圣诞节的运动，表明民众对基督教制度化日常生活的担忧。这些实践反映了人们对"宗教生态"的刻板认识，也凸显了中西文化零和对峙与博弈的心态，在中国经济加速发展与文化全球化的今天值得研究者进一步检视。

毕竟，基督教已经不再仅代表西方世界对非西方社会单向渗透的文化力量，它也随着中国基督徒的跨国迁移愈发成为中国影响世俗化西方的道德资源（曹南来，2016）。而基督教与其他宗教一样作为一种复杂的文化体系，并不仅是一种特定意识形态的象征，也不应被简单化约为一种文化和政治立场；另一方面，我们也应该看到围绕中国社会圣诞节热的非宗教生态因素——都市消费经济的发展、新一代中产阶层及青年对个体自主性与自我表达的追求，这使得一个外来节日较以传统父权等级体制笼罩下的以家为核心的中国节日（如春节、清明、重阳和中秋）更受追捧。① 一位年轻的温州基督徒曾告诉我，她从小就喜欢过圣诞节而不是春节，因为每每春节家宴聚餐都要等长辈先动筷子后晚辈才可以开始吃饭，而圣诞节则为同龄人一起出去聚会交流提供了良机。换句话说，圣诞节在中国都市社会的流行是中国自身社会转型时期的文化和历史产物，基督教在其中扮演的具体角色需要深入研究而不能仓促预设。

但可以肯定的是，随着人们社会经济地位与受教育水平的广泛提升，围绕都市基督教的兴起，我们还会看到更多"另类"的文化现实、想象与故事。站在普通人的立场上，这些有关人生与信仰的日常故事之所以打动我们，因为其带有时代烙印。

我们需要结合以上所述的参与式田野研究方法，全方位、多维度地探查当代都市基督教的发展，并将其置于相应社会、自然生态背景来获取其

---

① 有关改革时期青年人文化在城乡地区的兴起与社会个体主义化的倾向，可参见 Yan（2009）的人类学研究。

文化意义。都市宗教所蕴含的复杂文化意义并非存在于抽象的教义世界里。这就如同我们无法通过神圣文本来获知宗教体验的神秘性与独特性。而换另一个角度看这个问题，我们可以说一种都市宗教的成功就在于它对非宗教的都市生活领域具有较强的制度化组织与规训能力。尽管任何宗教都倾向于将自身理解为亘古不变、永恒存在的，但这也只是一种宗教意识形态的表达，而非宗教事实。对大多信徒（包括有信仰体验的学者）而言，宗教体系与社会文化系统是彼此不相关联的两个独立领域，灵性体验也与社会经历具有清晰的界线。然而，对于基督教的人类学研究，在肯定信徒主观宗教体验与行为的"真实性"前提下，尤其应当注意其与所处社会文化与历史环境的整体生态关系。

如果说当代都市中国基督教的世界是由追求现代性的信徒们建构的内含了自身解释与意义的社会文本，那么读懂这个文本需要今天的人类学者像格尔茨当年研究巴厘人一样，在田野中"隔着那些它们本来所属的人们的肩头去解读它们"（克里弗德·格尔茨，1999：534）。都市宗教的发展故事不仅是改革时期新型区域政教关系的产物，也是全球化经济辐射下日常社会关系在区域生态环境中演变的缩影。因此，如何无限接近信徒所给出的回答，以及如何探寻宗教现象背后潜藏的人类精神共性将是当代人类学学者的重要学术使命。

参考文献

中文

曹南来：《建设中国的耶路撒冷：基督教与城市现代性变迁》，香港大学出版社，2013。

曹南来：《旅法华人移民基督教：叠合网络与社群委身》，《社会学研究》2016年第3期。

〔美〕罗杰尔·芬克、〔美〕罗德尼·斯达克：《信仰的法则：解释宗教之人的方面》，杨凤岗译，中国人民大学出版社，2004。

〔美〕克里弗德·格尔茨：《文化的解释》，韩莉译，上海人民出版社，1999。

《市教育局首次发文"约束"洋节日》，《温州晚报》，2014年12月24日。

英文

Comaroff，Jean & John L. Comaroff

2000. "Millennial Capitalism：First Thoughts on a Second Coming," *Public Culture* 12.

Comaroff，John L. & Jean Comaroff

1991. *Of Revelation and Revolution：The Dialectics of Modernity on a South African Frontier*, Vol. II. Chicago，Illinois and London：University of Chicago Press.

Berger，Peter，Grace Davie & Effie Fokas

2008. *Religious America，Secular Europe? A Theme and Variations*, Surrey：Ashgate.

Osburg，John

2013. *Anxious Wealth：Money and Morality Among China's New Rich*, Stanford，CA：Stanford University Press.

Yan，Yunxiang

2009. *The Individualization of Chinese Society*, London School of Economics Monographs on Social Anthropology Vol. 77，Oxford & New York：Berg.

寺院、村落、圣地、僧人

——西藏正统宗教信仰生态考察

尕藏加

摘　要　西藏正统宗教信仰体系以藏传佛教为主体，其核心的信仰对象佛、法、僧三宝包含了丰富的信仰内涵和多样的信仰形式。寺院、村落、圣地、僧人成为西藏正统宗教信仰的存在形式和客观要素。

关键词　西藏　宗教生态　藏传佛教

目前，西藏百姓的宗教信仰呈现多样化，从宏观角度大致可分为正统宗教信仰、世俗性宗教信仰和民间宗教信仰；从微观的角度可以观察到藏族百姓的宗教信仰又存在内部不同群体间的差异性。诸如不同文化背景人的宗教信仰原则、不同年龄段人的宗教信仰虔诚度和不同性别间的宗教信仰状态都有差别。总体上，西藏百姓的宗教信仰有趋向多元一体的态势。所谓的"多元"是指西藏百姓的宗教信仰途径或方式不拘一格、多种多样；所谓的"一体"是指西藏百姓以正统宗教信仰为主体，以世俗性宗教信仰和民间宗教信仰为辅助，形成了一种具有统一性的宗教信仰体系。也就是说，西藏百姓多元一体的宗教信仰体系，既有宗教义理上的系统化、统一性，又有宗教仪式上的个性化、多样性。其中正统宗教信仰具有宗教权威性、统领性和支配性等特征；世俗性宗教信仰具有世俗性、辅助性和局限性等特征；民间宗教信仰具有民间性、习俗性和区域性等特征。

在西藏正统宗教信仰生态中，寺院起到中心或主体作用，人们从中可

以得到宗教教育或宗教服务。除了在寺院举行正规的宗教仪式，以村落为单位开展的集体宗教活动，也属于西藏正统宗教信仰范畴并具有浓郁村落气息。同时，对藏传佛教神圣之地的朝拜，是构筑西藏正统宗教信仰体系的有机组成部分；而对以活佛或高僧大德为代表的出家僧人的敬仰，又是建构西藏正统宗教信仰体系的有力支撑点。

一　寺院

案例一　位于西藏昌都市芒康县和四川甘孜州巴塘县交界处的土登尼夏林寺（go bo rong thub bstan nyi shar gling），是一座藏传佛教格鲁派寺院，在两县的索德乡（sor bde）和苏瓦囊乡（gso ba nang）的信教群众中具有一定影响力。该寺在历史上曾是噶玛噶举派寺院，归属当地果沃荣（go bo rong）部族管辖。果沃荣部族原有18个村落，共同拥有13座寺院，皆是噶玛噶举派。当时有个不成文的规定，各个寺院之间以听见海螺声之距离为界标，依次创建了13座寺院。每座寺院都带有政教合一色彩，寺院住持堪布扮演"达奔"（mdav dpon）的角色，即享有县团级头衔的地方官员，每6年换届一次。15世纪后，宗喀巴大师创立的格鲁派兴起，将13座寺院合并为一座中心寺院，改宗格鲁派，当时寺院拥有农田牲畜。现今果沃荣部族的18个村落，分布在西藏芒康县的索德乡（8个村落，约2700人）和四川巴塘县的苏瓦囊乡（10个村落，约3000人）境内，两县或两乡以金沙江相隔，两岸群众彼此间没有贫富悬殊或文化习俗不同，只是相互通婚者较少，大多在本县本乡内结亲。

土登尼夏林寺原址地处山顶，既缺水又交通不便，1986年从山上搬迁到四川巴塘县苏瓦囊乡境内的公路边，从而方便了信教群众前来朝佛。寺院原有3个扎仓或康参，后来恢复寺院时未设扎仓。今日的土登尼夏林寺规模不大，主体建筑有大经堂（共56个柱子规模），以及后殿（供奉释迦牟尼像）、弥勒殿（共16个柱子规模）和护法殿（供奉吉祥天女和六臂贡布像）。

该寺在恢复初期（1986年前）有30多名僧侣，皆是芒康县索德乡人；2005年有100多名僧侣，其中巴塘县人50多名，芒康县人40多名，原老僧2人（皆芒康人），他俩具有较高深的佛学知识；年龄最小的僧侣15岁，而大多数在25~40岁；小学毕业生占寺僧的60%（在学校受过藏汉文双语教育），中学毕业生 2 人。虽有 4 名僧侣还俗，但要求入寺者多于还俗者，每年都有新僧入寺，其人数或多或少，多达七八人，少则一二人。

寺院内部实行民主管理制，设立民主管理委员会，简称"民管会"，主任叫加措，现年 27 岁（2005）；有三位副主任，分别是贡布（25 岁）、曲扎（25 岁）、洛哲（26 岁），三人分工明确。堪布叫平措，37 岁，是一位在本寺自学成才的学僧；格贵叫洛桑达瓦，36 岁；翁则叫罗桑益西，33 岁。寺院管理层僧侣属于年轻型。

1986 年，寺院开办学经班，开始加强寺僧的佛学知识和道德素养的教育，规定每年八月学习因明，其中 10 天开展辩经活动。因 6 年前老堪布去世，学经班停办，未能持续到今日。现在虽推选一位较年轻的堪布，但不能完全胜任教学工作。在历史上，拉萨哲蚌寺洛色林扎仓和甘丹寺内均设有果沃荣康参，有条件的僧侣年满 19 岁就可到两大寺学经，取得热降巴学位后返回本寺。这种传统现已不再遵循或继续贯彻。

至于寺院的宗教仪式，是按照拉萨下密宗院的教规举行，主要供奉密集金刚。在一年内举行三大宗教法会：藏历一月一日至十五日，举行祈愿大法会（smon lam chen mo）；三月二十七日开始并持续 15 天举办释迦牟尼（jo bo chen po）纪念日，即斋月（myong gnas）法会；十一月二十四日至二十九日，举办"古朵"（dgu gtor）法会，是一年中规模最大的活动。其间表演"法舞"，前来朝佛的群众超过 6000 人，其中个别富户或商人布施达 1000 元，普通百姓一般布施 100 元左右。据寺院公布的细目，2004 年布施总额达 6 万元。

这一地区的群众百姓遵循传统，向寺院布施粮食。每年种两茬田，先种小麦和青稞，后种玉米。因此，在六月每户向寺院布施多则 100 斤少则几十斤不等的小麦或青稞；在十月第二次布施玉米。如 2004 年，寺院收到 6000 斤青稞、5800 斤小麦和 10000 斤玉米。时价小麦或青稞 0.9 元/斤、玉米 0.8 元/斤。寺院将每年收到的剩余粮食向外出售，周围群众需要谷物时可到寺院购买。

目前，土登尼夏林寺正在维修，投入资金达 100 万元，主要维修大经堂和扩建弥勒佛殿等；另外，投入 10 万元在围墙内改建僧舍，解决那些在经济上有困难的僧侣的住宿问题；较富裕的僧侣自筹资金在围墙外修建僧舍。除了在经堂内绘制壁画的艺人是从拉萨聘请，其余劳工皆是本地人，其中短期为义务劳动，而长期则需要支付劳工报酬。[①]

分析与讨论　显而易见，土登尼夏林寺在充分发挥社会功能的前提下，同周边村落百姓之间已构建了牢固、正常的宗教社会关系。譬如，土登尼夏林寺在每年定期举行三大宗教法会的同时，积极开展日常宗教活动，为村落百姓提供了正规的宗教服务，满足了百姓的宗教信仰需求并丰富了他们的日常精神生活。村落百姓在寺院得到信仰上的需求满足之后，又反过来在经济上大力扶持寺院，使寺院得以正常运作和健康发展。

此外，从宗教信仰的角度看，寺院在藏族百姓的宗教信仰上占有中心、主导和权威地位。因为寺院是藏传佛教制度化的组织机构和宗教活动场所，只有寺院方能向广大信教群众提供全方位、多方面、高标准的宗教服务。至于寺院与百姓通过宗教仪式建立的互动关系，在案例二中做进一步讨论。

案例二　位于西藏昌都市左贡县境内的田妥寺，是一座奉行密宗仪轨的格鲁派寺院，主要供奉密集、胜乐和大威德三大密宗本尊神。该寺在一年内主要举行如下六次宗教法会。

第一次，藏历十二月二十九日至一月十四日，共 15 天，举行"古朵"法会，其中十三日、十四日表演法舞。

第二次，藏历四月，举行"萨噶达瓦"（sa ga zla ba）法会，共 20 天。

第三次，藏历六月十五日开始，共 45 天，僧侣集体闭门修行。这是专为僧侣安排的"坐夏或安居"（dbyar gnas）时期。

第四次，藏历八月十七日开始，共 18 天，举行"生起次第"（bskyed rim）法会。

第五次，藏历九月二十二日开始，共 10 天，举行"降神"（lha vbb）法会。

第六次，藏历十月二十五日开始，共 15 天，举行"噶丹安曲"（dgav ldan lnga mchod）法会，或称"燃灯节"，即纪念宗喀巴大师圆寂日。

---

①　根据笔者于 2005 年 7 月 2 日采访土登尼夏林寺的记录整理。

　　田妥寺在举行法会或活动期间，向僧众供应早上和中午两餐。此外，每月十五日、二十九日，是田妥寺僧众在大经堂集体诵经的日子，此时僧众一般按照信教群众的要求念经。每年有50~100户信教群众到寺院向僧众供饭和布施。信教群众根据自身经济条件，每次向每位僧侣布施2~10元不等的现金。田妥寺影响美玉乡约一半的住户，即4个行政村120多户，以及田妥镇7个行政村379户，总共近500户的信教群众，寺院比较稳定的收入来源是布施，每年平均布施收入达七八万元，主要来自护法殿和"古朵"法会。如2004年护法殿收入达六七万元，"古朵"法会收入约一万元。①

　　分析与讨论　　无论是宗教仪式还是经济布施，都是寺院与百姓之间发生紧密关系的重要纽带或桥梁。一方面，寺院举行宗教仪式，向前来朝拜的百姓提供丰富的精神食粮，满足他们在宗教信仰上的多种需求；另一方面，百姓到寺院布施，也是向自己的宗教信仰中心即寺院提供经济援助。寺院与百姓之间的这种互动互利的关系，使两者在各自或共同利益上相得益彰。尤其是寺院作为供养佛法僧三宝的宗教神圣场所，在藏族百姓的心目中具有不可替代的神圣地位。每年到寺院供饭或布施，不仅是藏族百姓的正统宗教信仰习俗，也是其社会活动和经济消费方式。

　　案例三　　西藏昌都市左贡县田妥镇境内有一座叫"巴仁村"（vbar rim grong）的村落。它是一座由外来搬迁户构成的新村，现有30户，147人。笔者随机采访了其中一户人家，主人叫诺布旺杰（nor bu dbang rgyal），53岁，小学毕业；其妻子叫曲麦玉珍（vchi med gayu sgron），40岁，文盲。两人育有两个女儿，老大13岁，在左贡县小学上六年级；老二3岁，共四口人。他家是从左贡县沙玉乡格隆（如）村（sa yul zhing dge ru grong）搬迁过来的新户，迁移原因是解决贫困问题。搬迁过程由县政府负责安顿，他们在简陋的小平房住居了8年，2005年政府统一建造了二层新房，随之乔迁新居。目前，诺布旺杰一家共种植3亩地树苗，政府给每亩地分送300斤小麦或青稞作为报酬。可以说，他家的生活或生产方式由原来的纯牧业转变为农林业。此外，诺布旺杰作为当地有文化的人物，自17岁就担任村主任一职，延续至今。以前村主任一职每年有

---

　　①　根据笔者于2005年7月10日采访左贡县田妥寺的记录整理。

300 元津贴，自 2004 年开始由政府发放 1500 元作为一年工作津贴。他在老家时还当过民办教师，当时每月有 17 元工资，许多学生后来成为牧民中有文化的出家僧侣。

诺布旺杰一家在老家牧区时，按传统习俗平时去一座叫果孜寺（bkod rtse dgon）的格鲁派寺院朝拜。该寺僧侣最多时达 100 名，现在约有 90 人。寺院原有一位活佛，在每年六月举行灌顶大法会；元月二十九日举行"古朵"（dgu gtor）法会，表演法舞。法会期间人们会布施 1~15 元不等。诺布旺杰一家搬迁新居后，因路途遥远、交通不便，需要步行 2 天才能到达，过去 8 年间他独自回过一趟老家寺院朝拜。

此外，诺布旺杰家居住的巴仁村附近坐落着左贡县境内规模最大的左贡寺，可他也只在举行"古朵"法会期间去过一次，主要观看法舞表演，并布施了 5 元钱。据诺布旺杰讲，今后如有机会回老家探亲，他一定会去果孜寺朝拜。如果没有机会就到附近的左贡寺朝佛，两座寺院毕竟都是格鲁派寺院。①

分析与讨论 以上个案是对一家搬迁户所做的田野调研，他们既没有放弃对家乡寺院的信仰或朝拜，也没有同新环境中的寺院保持距离。寺院在广大百姓精神生活中占有何等地位、发挥怎样的功能、起着多大的作用，从以上案例中可窥见一斑。正如田妥寺僧侣所讲，自 1985 年寺院恢复以来，无论信教群众到寺院朝拜的人数还是信众向寺院布施的金额，都呈上升趋势。② 这印证了藏族信众与寺院的密切关系，两者正处于良性互动的发展状态并未因社会变迁或经济发展影响而疏远。

二 村落

案例 仲多村（vbrong mdo grong）是西藏昌都市昌都县俄洛乡（vgu ro grong brdal）江卡行政村下属的一个自然村，距离县城不算远，因而经济状况相对较好。

该村至今虽没有任何"拉康"等宗教活动场所，但在其附近加林村有一座叫"杰仁康"（bskyed rim khang）的类似于嘛呢康的村民宗教活动

---

① 根据笔者于 2005 年 7 月 10 日采访左贡县田妥镇巴仁村村民的记录整理。

② 根据笔者于 2005 年 7 月 10 日采访左贡县田妥寺僧侣的记录整理。

场所。"杰仁康"平时有一位僧侣（社会僧侣）看管或值班。实际上，"杰仁康"已成为包括仲多村、加林村和江卡村三村共同的"村庙"。每年藏历五月或六月八日开始并持续十几天在"杰仁康"举行宗教仪式，这时三村本地僧侣从不同常住寺院返回家乡主持宗教活动。从三村出家的僧侣共有15名（包括无证社会僧侣），其中大多在昌都强巴林寺常住。他们在强巴林寺结束坐夏安居法会后，就回家乡举行"杰仁"佛事活动。勤杂事由以上三村村民轮流操办，主要向主持法会并诵经的僧众供应饮食。按村民自愿的原则，首先在村民中筹措资金、糌粑、大米、青稞、酥油、清油、肉类和茶叶等，如每户自愿送食物几斤、现金20~100元不等。然后，由村主任安排，村民在村庙里义务干杂活，有时也由个别承担供饭和布施的个体农户来负责完成。"杰仁康"为四间平房，僧众在法会期间可在村庙里起居饮食。

仲多村、加林村、江卡村三个自然村的村民，至今依然延续一个信仰习俗，即每年朝拜位于俄洛乡珠古村境内的一座叫珠古寺（gru gu dgon）的格鲁派寺院。其朝拜时间是在藏历一月十日，这天珠古寺举行"初十"（tshe bcu）法会，三村村民家家都去几个人，每人按自己的心愿布施2~10元。而在平日，村民除了家人去世或生病外，几乎不到珠古寺朝拜，也许是因为寺院距离村落较远的缘故。无论过去还是现在，这一带的村民平常去昌都强巴林寺朝佛，如强巴林寺在一年中举行的四大法会，即"古朵"、"祈愿"（smon lam）、"吉日"（dus bzang）和"燃灯"（lnga mchod），三村村民都踊跃前往参加，一些老人不能亲临也要让年轻人带去自己2~10元不等的布施钱，算作间接朝拜。按当地习惯，村外有任何包括宗教在内的活动，一般都由清一色的青壮年前往参加，而老人们留在家中看管家门及牲畜等。[①]

分析与讨论 三个自然村落集体举办的宗教活动具有浓厚的村落气息，但又不同于村民自己平日主持或开展的世俗性宗教活动，而是邀请出家僧侣主持正规宗教仪式。除了地点或场所不同，仅就其内容或形式而言，与寺院里举办的宗教仪式极为接近，所以这一宗教活动也可纳入藏族百姓的正统宗教信仰范畴。这座寺院在村民宗教信仰世界里占有特殊地

---

① 根据笔者于2005年7月17日采访昌都县仲多自然村村民的记录整理。

位，与每家每户有着不可分割的历史因缘。

可以说，以上案例描述以及所做的分析或讨论，皆是站在村落群体立场上展示藏族百姓的正统宗教信仰现状。村落举办的带有村落文化模式的宗教活动，在小型寺院举行的具有"村庙"角色的宗教活动，以及在大型寺院中举行的宗教活动，从三个不同层面，勾勒了以村落为背景的正统宗教信仰图景。

三　圣地

案例　水木河村是四川省甘孜州巴塘县竹巴龙乡管辖的一个自然村，有56户人家，共305人。每逢夏季村民可以挖虫草、捡松茸等，故本村经济条件相对较好，几乎每户农家都有人去过拉萨朝拜：去拉萨朝佛平均每人需要花费500元，其中路费大约300元，但是每人一般携带1000元左右。平时，水木河村村民去康宁寺朝佛，村子与康宁寺相距15公里，交通十分便利。在举行"古朵"法会期间，村民去康宁寺观看为期两天的法舞表演，早上去傍晚返回。每家采取轮流值班的方式，此时村里每家只留有看门人。年轻人仅是观看法舞，而老年人还要去转经朝佛并布施1~2元钱。村里人去世后也到康宁寺敬事或事奉（sku rim sgrub），布施4~100元不等。此外，请僧侣在家中念经，也是水木河村的传统宗教信仰习俗。邀请僧侣4~10人不等，也有邀请更多僧侣前来念经的，早上请来晚上送回寺，只用1天时间，每位僧侣1天可得到15~20元不等的宗教服务报酬。①

分析与讨论　以上案例描述了巴塘县水木河村百姓到康宁寺朝佛的惯例和水木河村百姓邀请僧侣在家中念经的习俗。不难看出，藏族百姓把去拉萨朝圣作为一生中最为重要的大事来对待，一旦客观条件成熟，主要是经济条件达到一定程度，便前往拉萨朝圣，完成毕生夙愿。

拉萨作为藏传佛教圣地，自有其历史上的因缘关系和现实中的主客观条件。譬如，坐落在拉萨旧城中心的大昭寺，就是最早产生的最神圣的佛殿。这座圣殿的出现，使拉萨城变为佛教圣地；后来包括三大寺在内的格鲁派大型寺院的相继建立又使拉萨成为藏传佛教的中心；与此同时，布达拉宫的巍然屹立更是提升了拉萨的神圣地位和宗教知名度。因此，拉萨的

---

① 根据笔者于2005年7月4日采访巴塘县竹巴龙乡水木河村村长大罗桑东珠的记录整理。

佛教圣地形象，至今依然在藏族广大百姓的心目中不断延续。笔者的田野调研中皆有藏族百姓去拉萨朝圣的个案，这一现象具有普遍性或典型意义。

四　僧人

案例　西藏昌都市芒康县朱巴龙乡朱巴龙村（gru ba rong grong vtsho）共有 19 户，其中 7 户为纯牧民，在山上放牧；12 户半农半牧，在江边耕种农田，其牧场也在山上。据村民曲培讲述：本村附近有两座寺院，分别是色本寺（ser spungs dgon）和嘎普寺（kha phug dgon），前身均为噶举派，后来改宗格鲁派，成为康宁寺下属子寺。色本寺初建于 1075 年，现有 4 名僧侣，所属信教群众 1300 多人；嘎普寺初建于 1085 年，现有 3 名僧侣，所属信教群众 300 多人。本村附近虽有两座寺院，可由于僧侣少且缺乏具有佛学知识的高僧大德，每当宗教节日来临许多村民长途跋涉去康宁寺朝拜，老人大多身体不支而无法前往。1949 年前，两座寺院各有 30~40 名僧侣，并由康宁寺每三年轮换一次派遣，现在依然由康宁寺派遣僧侣，每三个月轮换一次。

1949 年前，由于交通不便，除了有条件的少数人外，许多人平时去不了康宁寺，或参加每年举行的"古朵"法会。比如，桑布老人在 1949 年前只去过两次康宁寺朝佛，都是在"古朵"法会期间，第一次是在 20 多岁，第二次是在 30 多岁。20 世纪 80 年代寺院开放以来，又去过两次参加"古朵"法会。现在依然想去，由于晕车体力不支，没法实现这一愿望。

当前，村民每年去两次康宁寺朝佛，即参拜"古朵"和"祈愿"两大法会。康宁寺坐落在巴塘县城，交通便利，村民可到江对岸搭车至巴塘县城，每人车费 10 元。法会期间去的人更多，主要是"法舞"表演具有很强的吸引力。普通百姓每人布施 2~30 元不等，而那些经济条件较好的商人，布施高达 500~1000 元。百姓在"古朵"法会期间观看法舞，目的是认识"法舞"中出现的各类面目狰狞的神佛，以便死后不怕"中阴"中遇到诸如马面、狮面等可怖的神佛，并能够跟随他们顺利度过"中阴"难关，从而改善来世的转生境遇。①

---

① 根据笔者于 2005 年 7 月 4 日采访西藏芒康县朱巴龙村村民的记录整理。

分析与讨论 朱巴龙村村民不太愿意去附近的小型寺院而喜欢赴较远的大型寺院朝佛，不难看出藏族信众对高僧大德的向往，高僧大德在正统宗教信仰中发挥着主导作用。一旦寺院拥有众多的高僧大德就有能力举行大型宗教活动，包括表演精彩纷呈的法舞。法舞表演对广大藏族信众有着很强的吸引力，它不仅起到寓教于乐的功能，而且在寺院与百姓之间发挥着不可替代的纽带作用。譬如，朱巴龙村附近的两座小型寺院，由于缺乏佛学知识渊博的高僧而门庭冷落；反之，康宁寺有条件在大型法会期间举办法舞，吸引着藏族信众每年如潮水般涌去观看。

与此同时，活佛无论在寺院宗教仪式中还是在百姓宗教信仰中都发挥着重要作用。正如美玉切村村民梅朵所讲："几乎每年去一趟附近的寺院朝拜，尤其是以前活佛在世时举行灌顶法会，村民都去接受活佛的灌顶，每人布施 4~5 元钱。自去年（2004）活佛谢世后，就没人能够举行灌顶法会。"①

从藏传佛教的教法仪轨的角度讲，举行"灌顶"仪式，其主持人既要具备密宗传承，又要严格遵循法脉相承之宗教仪轨。据传，由活佛亲自主持的灌顶仪式能保佑百姓安康，这便增加了仪式对群众的吸引力。。

结　语

我们从寺院、村落、圣地、僧人四个不同角度去考察西藏正统宗教信仰生态，可以得出这样的结论：藏族百姓的正统宗教信仰是以寺院为中心、村落为辅助、圣地为衬托、高僧活佛为支撑点的生态体系。因此，寺院、村落、圣地、僧人与广大藏族百姓之间存在紧密关系。譬如，藏族百姓通过寺院、村落、圣地、僧人方能实现他们的多样性宗教信仰需求；反之，寺院、村落、圣地、僧人又在藏族百姓为对象或纽带的基础上，构筑了有机的信仰体系。

当然，寺院、村落、圣地、僧人，只是作为藏族百姓正统宗教信仰的外在形式，并非内在核心内容。因为藏族百姓的正统宗教信仰，实际上是以藏传佛教为对象，其核心内容是佛、法、僧三宝，而佛、法、僧三宝又包含了丰富的内涵和多样的形式。以上所述寺院、村落、圣地、僧人与藏

---

① 根据笔者于 2005 年 7 月 12 日采访左贡县美玉乡美玉切村村民的记录整理。

族百姓的宗教信仰，只能体现西藏正统宗教信仰的主要领域而非全面。譬如，藏族百姓邀请僧侣到家中念经或举行家庭式的小型宗教活动，从而实现信教群众各自怀有的具体化的宗教信仰目的或愿望。这种以家庭为中心的正统宗教信仰方式，在藏族地区普遍流行。

　　总之，宗教信仰在藏族百姓社会生活尤其在精神生活中占有重要地位，并对其人生态度产生深远影响。某种程度上，宗教信仰不仅是藏族百姓的世界观或人生观的一种表达方式，而且是个体与社会、人类与自然发生关联的一种途径或纽带。可以认为，宗教信仰的神圣性与日常生活的世俗性，是综合反映人类社会生活的两个不同方面。犹如自然与超自然、世俗与神圣，在普通百姓的思想观念中没有形成鲜明的或对立的界限，而是相辅相成的模糊概念。因此，从宗教人类学的理论观点来分析，多样化的宗教信仰是人类社会多种需求的具体表现，同时反映了人类本身所独有的既注重现实性的物质生活，又追求超越性的精神生活的双重特征。

皈依 VS 叛教[*]

——印度的宗教生态焦虑

邱永辉

摘 要 印度教作为一个历史悠久且源流清晰的宗教传统，见证了印度次大陆的宗教生态巨变，目睹了众多"出走者"加入佛教、伊斯兰教和基督宗教，其"整体论"的宗教生态观，不仅是基于印度教的传统哲学思想，也是旨在反对更多的"改教"或"叛教"；"皈依"的主张者和支持者所抱持的是宗教生态系统"变化论"以及生态系统与变化元素之间的"协调论"。无论是强制出走者"回归印度教"，还是通过改教逃离不幸和追求尊严的努力的失败，都说明所谓"宗教生态"在很大程度上是"宗教关系"及其相关的政治经济问题。量度宗教生态的均衡或失衡状态，是学术研究的难点之一，而如何达成多元宗教之间的平衡与和谐，则是对印度教"包容"智慧的最大考验。

关键词 印度教 宗教皈依 宗教生态

印度素有"宗教博物馆"之称。在世人眼里，印度是一个至今仍保留着世界上最古老的宗教传统的国度，也是以宗教多元和宗教宽容著称的国度，其宗教生态非常自然、多样，而生长在这块宗教宝地上的印度学者，似乎较少讨论宗教问题。进入21世纪之后，随着印度社会宗教冲突的实例增多，印度学界关于宗教生态的争议亦有所增多。其表现之一，就是

---

* 本文系国家社科基金资助项目（项目编号：20VGQ008）的阶段性成果。

conversion 一词不仅几乎天天见诸媒体报道，而且在人们的生活中变得越来越敏感（Kim，2005：2）。有趣的是，作为印度宗教的观察者和研究者，我们必须根据不同的情况和不同的语境，将 conversion 一词加以分别翻译，或者意译为"皈依"，或者意译为"改教"甚至"叛教"。个中原因不言而喻，在一些印度人看来是"宗教皈依"，在另一些人看来就是"改教"甚至"叛教"。

实际上，印度社会有关宗教皈依的争论已经进行了几个世纪。争论和冲突的双方，一方是印度教内声称正统的印度教组织、印度教"古鲁""大师"和部分印度教信仰者，特别是印度教民族主义的政治人物和学者，另一方则是（或自我声称是）世俗主义或人文主义的学者，伊斯兰教、基督教和其他非印度教的信仰团体，以及印度教内的一些低种姓成员。

值得注意的是，有关"皈依"与"改教"问题的争论在印度大行其道，其中表现出来的观点各异、针锋相对、非良性互动甚至宗教冲突，充分显示出印度社会对于宗教生态的深度焦虑。

一 改教——"印度教焦虑"

整体论（Holism）是印度传统哲学和思维方式的基本特征。总体而言，印度学者提出的宗教生态论，也大体上是基于一种整体观（a Holistic View，亦译整全观）。也就是说，作为印度次大陆主流宗教传统的印度教，在现阶段的生态进路（Ecological Approach）或生态理论（Ecological Theory），基本上是一种整体论和系统论的变调，即强调印度教社会的宗教传统，是印度生态系统中的主体部分与其他部分的互动，不仅会决定印度教的未来，也会决定印度宗教生态的均衡或失衡。在这其中，各种宗教的信仰人口的变化，是最重要的基本变项，其他变项还包括政府的宗教政策、"传教"的法律定义、印度教宽容的保持、印度教社会的健康发展等。而如何操作这些变项，与印度教团体对于历史传统的认识和对未来社会的建构实践密切相关。

理解上述整体论和当代印度教社会的宗教生态焦虑的基础，首先是印度次大陆宗教生态的历史变迁。佛教发源于印度并在印度历史上存在了近1700 年，但现在的佛教信仰者却不足印度总人口的 1/100；中世纪伊斯兰教的进入，使南亚次大陆北部经历了一个伊斯兰化的过程，不仅使得巴基斯坦和孟加拉国能够以"伊斯兰教"独立建国，也使现今印度的穆斯林人口达1.5亿以上，使南亚三国的穆斯林人口加起来超过5亿。近代以来西方列强殖民印度，又使得不断增长的基督教信仰者遍布印度政治首都、经济都会和金融中心，以及广大的东北部地区。

值得注意的是，诸如佛教的消亡和南亚次大陆北部的伊斯兰化等宗教生态的巨大变迁，虽然发生在过去，却塑造了印度教的脆弱心理，也深深地造成了当下的焦虑。几年前阿富汗塔利班炸毁巴米扬大佛的炮声，再次让印度人回想起吠陀文献里记载的那些现在位于阿富汗境内的山川河流，那片曾经是印度教、佛教的文化宝地，重读经典的印度教徒不免感觉深受伤害，从而无限悲伤。

印度次大陆最主要和最重要的宗教传统——印度教的发展历程和特点，也是理解"印度教焦虑"的重要方面。其实，任何有关宗教生态的焦虑都关乎未来，印度教团体的焦虑亦是如此。如果说印度教的最古老源头已经消失在历史长河之中了，那么印度教的未来发展和印度教徒的未来生存状况又会如何呢？

据印度政府的人口普查数据，1961～2001年的40年间，印度教徒占人口的比例从83.5%轻微下降至81.4%，穆斯林人口则从10.7%上升至12.4%。据2012年12月美国"皮尤研究中心·宗教与公共生活论坛"的数据，截至2010年底，印度总人口为12亿2400万，印度教徒占总人口的79.5%，穆斯林为14.4%，基督教徒为2.5%，佛教徒为0.8%，其他宗教信仰者为2.3%，不信教者小于0.1%（PEW，2013）。[①] 更让印度教徒焦虑的是，到2050年，印度穆斯林的人口会达到3.1亿，从而使印度成为世界上拥有穆斯林人口最多的国家。

问题在于，信仰人口的变化与印度教的传播方式有极大的关系，但印度教对此却似乎无能为力。马克斯·韦伯称印度宗教为"一种严格的出身宗教"（Weber，1958：112），除非天生，任何人不能以任何方式进入印度教团体。印度教在印度次大陆的传播，主要是通过历史上广泛而深刻地吸纳各种神祇仪式、包容各派哲学思想和同化各部族的生活方式，这是一个

---

① 参见"The Global Religious Landscape," Pew Research Religion & Public Life Project, Dec. 18th, 2013, http：//www. pewforum. org/global-religious-landscape. aspx。

海纳百川式的、自然而漫长的进程。直到今天，印度教也基本上是一个"民族/国家/地区宗教"，即局限于印度次大陆的宗教，所谓印度教徒遍布世界近百个国家，实际上是从印度次大陆移民的结果。这与其他宗教，特别是基督教和伊斯兰教在南亚地区的传播方式，形成了鲜明的对比。

信仰人口的变化所导致的"印度教焦虑"，似乎与印度教的信仰方式也有密切关系。印度教信仰是一个"累积的传统"（史密斯，2005：1），印度教徒称自己信仰的是"永恒的法"和"吠陀的法"，因此不存在"改教"的问题；印度教又是一种生活方式，没有一个核心教义，没有一本如《圣经》或《古兰经》样的经典，也没有创立者或中心组织，更没有"殉道"等护教方式，因此完全无法抵御基督教式的或伊斯兰教式的传教活动。古代佛教徒离开印度教，中世纪人们改信伊斯兰教，近代以来基督教的强大，以及现代新兴宗教的魔力，在造成印度信仰版图改变的同时，不断冲击着印度教所需要的信仰保证（reassurance）。

更令印度教徒无法预计的焦虑是，以穆斯林团体的高出生率①，难保什么时候伊斯兰教就会取代印度教，成为印度信仰人口最多的宗教。这个"量"的积累过程，也是印度教长期焦虑是否会发生"质变"的痛苦过程。有印度教组织曾将穆斯林人口的增长率与印度教徒的增长率进行比较，惊呼大约200年后穆斯林人口将超越印度教徒人口，印度将成为一个伊斯兰国家。近年来印度教的焦虑的"不确定性"，在很大程度上与不同宗教团体的人口出生率有关。当下的印度媒体，每天都有印度教领袖号召印度教徒多生孩子的报道，号召一个妇女生 4~10 个孩子。与强势宗教的竞争处于不利之势，加之基督宗教和各种新兴宗教对青年人的吸引力，"印度教处于危险中"甚至成为印度教团体的政治动员口号。

二　皈依——"出走者焦虑"

总体上说，在印度教徒眼里的那些改教者及其支持者，特别是那些新近成为佛教徒、穆斯林或基督教徒的人，对于宗教生态论所抱持的观点，

---

① 穆斯林作为印度欠发展的宗教团体，也是人口增长最快的团体。2001 年人口普查的结果是，穆斯林的增长率为 36%，不久后更改为 29.3%，是各宗教团体中最高的。

则是宗教生态系统"变化论"，以及宗教生态系统与变化元素之间的"协调论"。

生态变化论认为，即使印度社会自古就是一个生态系统，宗教无疑是这个系统中的最重要元素，那么这个生态系统及其重要元素也并非一成不变的。观察印度教的历史纵深，印度人"皈依"其他宗教，自古就是一个常态，而最早的皈依者，或者说第一个促成宗教生态大变动的，正是"放下屠刀立地成佛"的孔雀王朝阿育王。从公元 8 世纪开始，穆斯林通过经商、移民、武装征服等方式，逐渐移居印度次大陆，在争取商业控制权、土地占有权等世俗权力的过程中，伊斯兰教传播到整个北印度，到 14 世纪时扩展至全印度，伊斯兰教最后被穆斯林统治者立为国教。从德里苏丹时期（1206～1526）至莫卧儿王朝（1526～1857）灭亡，印度一直处于穆斯林统治者的统治之下，产生了大量伊斯兰教"皈依者"。正是穆斯林"移居者"和印度本土"皈依者"的结合，加之苏菲派传教士的踏实努力，使印度穆斯林总人口逐渐增加，大约占到"印巴分治"前印度次大陆总人口的 1/4 到 1/3。印度被近代西方殖民以来，大批印度教徒又皈依了基督宗教。因此，印度目前的多元宗教文化格局，正是在不同宗教的相互竞争、冲突和融合中形成的，宗教生态"变化论"只不过是如实地描述了这个进程。

宗教生态"变化论"的建构，很大程度上也是基于人类学的观点，把宗教看作"整体的社会现象"（total social phenomenon），而变化元素是在互动中发挥作用从而催生宗教生态变化的。由于所有宗教均可以透过经济、政治结构来表达自己及诉求，因此分析宗教生态变化，必须将宗教置于人们的经济、政治和社会生活之中，也就意味着必须分析那些变化的元素。

印度宗教生态系统中的最重要元素（elements in the ecological system），非种姓制度莫属。该制度不仅决定了人们的社会分工，也规定了人们的生活、婚姻、继承等方式，从而也就规定了分属不同种姓的团体成员的社会地位。在历代皈依者中，主力都是种姓制度下的低阶层，即第四种姓首陀罗和"种姓外"的贱民（或称不可接触者、达利特人、表列种姓和表列部落）。于是乎在印度，人们将基督教称为"被抛弃的人的宗教"，将佛教（特别是南印度的安培德卡尔佛教）称为"贱民的宗教"（邱永辉，

2009：151）。对于生活在社会最底层的低种姓和贱民来说，皈依其他宗教是对于"不可接触"地位的"反叛"，是改变自己的被侮辱被压迫处境的手段，是建立自己新的身份认同的努力。在他们看来，高种姓印度教徒从未将自己的种姓与宗教分开，宗教将他们置于社会上层，而将"其他人"置于下层或底层，因此要改变自己的社会经济地位，就必须"逃离"印度教，成为印度教社会的"出走者"（Ghanshyam Shah，2001：195-210）。

种姓制度无疑是传统印度教社会中最重要的社会制度。因此，不难理解，印度教的"出走者"大多是以种姓—亚种姓为团体而集体出走的，发生在一些西方社会的"个体皈依"（individual conversions）和一些东方社会"家族皈依"（family conversion），在印度则体现为团体性的种姓皈依（caste conversion）。这不仅决定了皈依过程是相对复杂而漫长的，也决定了这些"出走者"的出走目的不可能是单一的。无论是成为佛教徒、基督教徒、伊斯兰教徒，还是新兴宗教的信徒，这些出走者所争取的不仅是宗教权利，更多的还是政治、经济和社会权利。因此，争取宗教生态系统中的其他重要元素，例如规范性的社会意识、国家政策、经济结构的变化和人口结构的改变等，朝着有利于"出走者"争取权益的方向进步，亦成为其奋斗目标。佛教的"众生平等"、基督教的"解放神学"在印度之所以取得极大成功，正是种姓制度对低种姓和不可接触者的长期压迫和底层人民的反抗造成的。

在印度这个多元宗教国度，宗教信仰自由是最基本的人权，也是宪法保障的公民基本权利。《印度宪法》第25条规定，保障每个公民的宗教信仰自由。但从1960年代起，陆续有几个邦（包括中央邦、奥利萨邦等）通过了禁止基督教、伊斯兰教等外来宗教在该邦传教的法令，南部的泰米尔邦政府于2002年也通过了《禁止强制性皈依法》。这些法律将"强制"（包括物质的、精神的、心理的）、"诱惑"均规定为违法。由此，低种姓印度教徒的"逃离"努力与印度教政治势力的"禁止"努力，在政治、经济和社会层面均形成了巨大的张力，其结果是不同宗教团体间的关系更加紧张。全国范围内对此问题的广泛争论，包括皈依的原因、有关法律条款的合法性、宗教平等和宗教自由的含义等，各方的焦虑由宗教领域扩展到政治、法律乃至更多的领域。

三　克服焦虑——"回家运动"与"出走反思"

印度教传统用一种"整体观"来讨论宗教生态问题，似乎比印度的其他任何宗教都更具优势，一是因为印度教是印度历史最悠久的且连续不断的宗教传统，经历了印度河流域宗教、吠陀教、婆罗门教、印度教、虔诚派运动、新印度教等阶段；二是因为印度教是信仰人口最多的"主流"宗教，如今拥有 10 亿之众的印度教是世界第三大宗教；三是其教义学说本身即具备包容性的整全观，其"实在唯一，圣人异名"（梨俱吠陀）的传统信条，决定了印度教本身即是一个多元的系统。

以研究者的眼光看，由于很难探索到一种能从整体上回顾印度教历程的文化类型，即使依据"整体论"，也很难说印度教一直是印度文明的支柱。在穆斯林到达印度之前，印度也并非一个印度教国家，而是由婆罗门教、佛教、耆那教、各种民间宗教等组成的多元宗教社会，并且在事实上，佛教、耆那教和后来成形的印度教都共同继承了"吠陀"与"奥义书"的传统。

印度教传统的奇妙之处在于其独特的精神性，因此其整体观所关注的，主要是宗教系统内部各元素之间的互动，而相对忽视与宗教外部因素的联系。这种宗教生态论坚持一个自主性的宗教生态系统，正好将佛教、耆那教和锡克教包容在印度教之内，统称为 Hindu Religions，即印度本土宗教系统，并在后续的历史发展中以此抵抗"外来宗教"。可以说，印度教从来是认可"大传统"内的生态变化的，古代印度教广泛地包容、改革、吸收了各种信仰团体及其传统习俗，并将其融为一体。虽经"外来的"伊斯兰教和基督教的"干扰"，但这一趋同化的缓慢发展进程似乎并没有停止。因此，印度教徒一般将耆那教、佛教和锡克教视为"来自印度教内部的、为了满足印度教信仰不同阶段的特殊需要而出现的改革运动"（巴沙姆，1997：89）。不仅如此，印度教的无所不包，使得一些相信顺世论的无神论者、一些自然神崇拜者、一些不可知论者、一些既信仰印度教也信仰伊斯兰教的人等，也都自称印度教徒。

问题在于，如果将印度的整个宗教景观作为一个生态整体，包括基督教和伊斯兰教在内的"其他宗教"，就与各种本土宗教一起，共处于一个广泛而开放的"社会生态"之中，"宗教的界线"也经常处在一个激烈的竞逐之中，正是这种竞逐产生了"印度教处于危险之中"的焦虑。

从 19 世纪开始，随着印度争取民族独立运动的发展和印度教的复兴，一些印度教组织一方面反思印度教的改革问题，兴办教育、医疗和各种服务机构与基督教竞争（这又反过来促使基督教团体改变战术，更加有效地实施"福音化"战略）；另一方面开始致力于让历史上因各种原因而脱离了印度教的人"回家"——"重回印度教"。为此，他们将一种叫作"苏迪"的印度教净身仪式，改造成让佛教徒、基督教徒、穆斯林"重回印度教"的"皈依"仪式。

整个 20 世纪，印度教徒皈依其他宗教的事件更频繁地见诸媒体报道，印度教组织采取了更为强硬的态度和措施，包括极端的宣传鼓动、袭击基督教堂和教徒。2008 年发生在东部奥利萨邦的基督教徒与印度教徒之间的"教派冲突"，其实质就是"反基督教的暴力"。在印度教极端组织的纵容和操作下，印度教暴力团体纵火烧毁教堂、毁坏基督教会设立的学校和孤儿院，袭击传教士和基督徒并使之死于非命，都是旨在让基督教徒"回家"。在暴力冲突基本平息后，有的基督教家庭"因为害怕被杀和财物被抢"而"皈依"了印度教，才得以返回家园。2015 年 5 月，印度教色彩十分浓厚的印度人民党（BJP）赢得选举胜利而执政，强制"回家"的事件频率更高，引发了越来越多和愈演愈烈的教派冲突。

除强制"回归印度教"外，印度教组织还掀起"反爱情圣战运动"，即反对女孩子嫁给穆斯林并改信伊斯兰教。据《印度时报》报道，当 2015 联邦公务员考试状元提那·达比（Tina Dabi）准备与第二名阿塔尔·阿米尔乌尔·沙阿夫·可汗（Athar Aamir-ul Shafi Khan）结婚时，印度教大会（Mahasabha）写信要求其父母取消婚礼，或者至少让可汗改信印度教。信中写道："此信是告诉你们，穆斯林正在高层推动'爱情圣战'（Love Jihad），他们让印度教女孩爱上他们、让她们改信穆斯林的宗教，然后与她们结婚。如果结婚对他们两人都很重要，那么我们建议让可汗改教（ghar wapsi）。"（Ishita Bhatia，2016）

另一方面，基督教和伊斯兰教在印度的传播过程和传播方式被印度教徒视为犯有"原罪"。葡萄牙人在果阿设立"宗教裁判所"，强迫土著改信天主教；当代传教士对印度教徒进行物质和精神的双重引诱。在印度次大陆北部的伊斯兰化过程中，穆斯林统治者不时有强迫"异教徒"改教的举措，伊斯兰教严格的一神信仰，以及反对种姓制度的思想和制度，与印度固有的宗教文化传统形成了水火不容之势。基督教和伊斯兰教所采取的个体皈依、群体皈依（mass conversions）甚至强制皈依（forced conversions）的方式，让印度教徒无奈之余，不断滋生愤怒。

"出走者"的真正悲剧在于，通过"改教"逃离不幸和追求尊严的努力常常是失败的，种姓的幽灵在新的宗教内也追随着皈依者。在一些地区，贱民基督徒依旧不能与高种姓基督徒同室活动，不能一起领圣餐。总之，他们在某种程度上仍然是"不可接触者"（Sathianathan Clarke，2002；Ghanshyam Shah，2001：242-257）。可见，如果说拒绝给予低种姓精神民主权利是印度教产生大量"出走者"的原因，那么印度低种姓的宗教皈依问题，实际上并不是一个宗教问题，而是如何实现社会民主和精神民主的问题，归根到底，是在传统的等级制社会中建设一个现代国家的最核心问题——平等的问题。

四　走出焦虑——包容多元

虽然印度社会有关宗教皈依的争议已经进行了几个世纪，但宗教皈依的提倡者与反对者之间的相互理解，却是几无进展（Sarah Claerhout and Jakob De Roover，2005）。对于印度教徒而言，必须回答的问题至少有两个：其一，为什么人们会改教？其二，为什么改教在印度会引起如此巨大的争议？

对于第一个问题，印度教不传教而其他宗教"传教"的答案，显然于事无补，因为"宗教市场"已经是一个家喻户晓的概念。为了争取更多的信众，得到更多的资金并扩大自身的影响力，不同宗教甚至于相同宗教的不同派别之间，都存在着激烈的竞争。宗教市场的研究者认为，在全球化时代，随着不同宗教的信众不断地向宗教提出新的要求，各种宗教也必须不断地向信众提供他们所需的精神产品。只有那些能够回答人们的新问题的宗教，能够通过不断地调整和改革向人们提供适应社会和改变世界新方案的宗教，才能成为在世界宗教市场上富有成效的宗教，正如印度政治学教授坎恰·伊兰阿（Kancha Ilaiah）指出的，"拒绝倾听新问题和学习新答案"的宗教，"必将消失而不会繁荣"（Ilaiah，1996：xii）。

目前，许多宗教都面临着改革以增强竞争力的问题，印度教也不例外。全球化进程的快速推进，无疑加剧了宗教市场上的激烈竞争。在这场竞争中，具有改革能力的那些宗教，将掀起反对精神权威和精神法西斯主义模式的斗争。由于在世界资本主义市场上，劳工尊严将扮演关键性的角色，那些扩展理性思维空间的宗教，也将越来越多地吸引受过世俗教育的头脑。在这个过程中，拒绝给予低种姓精神民主权利的印度教，将面临严重问题，因为印度广大的低种姓和贱民已经意识到，"虽然不能选择怎样出生，但能选择如何死亡""可以选择绝不成为印度教的一部分"（Ilaiah，1996：71-73）。

对于第二个问题，回答起来更为困难。塞缪尔·亨廷顿教授的"文明冲突论"给印度人提出了许多问题，其中既包括如何客观述说印度多元宗教文化形成的基本事实，特别是如何评说印度教与伊斯兰教、印度教和基督教的遭遇和冲突、借鉴和融合，如何在国际层面上展开宗教对话、加深宗教理解和争取宗教平等，建立世界宗教大和平。亨廷顿教授在论证"文明冲突"中提出的"印度教文明"（Hindu Civilization）概念，则让印度人陷入分裂。其赞同者和批判者的基本观点，笔者曾在《印度世俗化研究》一书中进行了初步探讨（邱永辉，2003），赞同者不仅认同"伊斯兰有一个流血的边界"的观点，并将中世纪视为现代"印度教文明"与"伊斯兰文明"之间冲突的开始，如今的皈依之争则是冲突的延续。批判者强调亨廷顿对印度多元文化的误读，在主张印度的文化传统、文化自主和文化自觉的同时，强调印度传统宗教的包容性，以及这种包容性所造就的各宗教之间的宽容和融合。

历史经验证明，印度教的强大和人口众多，不是任何其他宗教可以通过学说甚至暴力所能消灭的。中世纪进入印度的穆斯林统治者，在大多数时间里不得不实行一种"宽大政策"，即只要印度教徒不抵抗，并且同意向哈里发纳税，就"允许他们崇拜他们的神，不禁止或阻止任何人信仰他自己的宗教""寺庙将和基督教的教堂、犹太教的宗教会议和祆教的祭坛一样不受侵犯"（辛哈、班纳吉，1964：180）。穆斯林在促使一部分印度教徒改变信仰的同时，也受到印度哲学、医学、音乐、绘画、天文学的感染，也在很大程度上改变了自身气质。印度教与伊斯兰教的关系在印度早已经是某种程度的"一体"的关系。近代印度哲学家也曾以印度拥有"印度教父亲和伊斯兰母亲"为自豪。

印度今天面临的最大危机，是 20 世纪 80 年代以来，极端印度教民族主义思潮的泛滥而引发的社会动荡。在教派冲突特别是印度教徒和穆斯林的冲突语境下，许多印度知名学者提出，要将宗教宽容运用于印度世俗主义政治中。他们认为，世俗主义是印度文化和传统之外的东西，保护和保持印度社会的多元性和多宗教的最好方法，是回到真正的宗教和宗教宽容的本土传统（T. N. Matan，1995：395）。现今越来越多的印度学者，将恢复印度的传统宗教宽容作为替代世俗主义的内容，并且提醒人们注意，将宗教从印度社会中边缘化是不可能的，印度需要的不仅是宗教宽容，还有对属于宗教的东西的宽容。

本文所讨论的"宗教生态"，在很大程度上是"宗教关系"问题。在当代印度社会的生态系统中，政教关系的维护或者改变，怎样才可以称为均衡或失衡状态，又应该如何度量，是学术研究的难点之一。如何最终达成多元宗教之间的平衡与和谐，正考验着印度教社会的智慧。展望未来，印度教主张的"宗教同真，万流归海"的宗教观、对和平共处价值的认同、对真理问题所持的渐进发展观，可成为对人类坚持探索真理的极大鼓舞，也必将为世界的和平与和谐提供思想资源。

参考文献

中文

邱永辉：《印度宗教多元文化》，社会科学文献出版社，2009。

邱永辉：《印度世俗化研究》，巴蜀书社，2003。

〔印度〕A. L. 巴沙姆：《印度文化史》，闵光沛译，商务印书馆，1997。

〔印度〕辛哈、班纳吉：《印度通史》，张若达译，商务印书馆，1964。

〔加〕威尔弗雷德·坎特韦尔·史密斯：《宗教的意义与终结》，董江阳译，中国人民大学出版社，2005。

英文

Weber，Max

1958. *The Religions of India*, *the Sociology of Hinduism and Buddhism*, The Free Press of Glencoe.

Shah，Ghanshyam ed.

2001. *Dalit Identity and Politics*, New Delhi：Sage Publications.

Ilaiah，Kancha

1996. *Why I am Not a Hindu*：*A Sudra Critique of Hindutva Philosophy*, *Culture and Political Economy*, Calcutta：Samya.

Zakaria，Rafiq

1995. *The Widening Divide*, New Delhi：Penguin.

Clarke，Sathianathan

2002. *Dalits and Christianity*：*Subaltern Religion and Liberation Theology in India*, New Delhi：Oxford University Press.

Kim，Sebastian C. H.

2005. *In Search of Identity*, New Delhi：Oxford University Press.

Madan，T. N.

1997. *Modern Myths*, *Locked Minds*, New Delhi：Oxford University Press.

Claerhout，Sarah & De Roover，Jakob

2005. "The Question of Conversion in India," *Political and Economic Weekly*, July 9.

PEW（Pew Research Religion & Public Life Project）

2013. "The Global Religious Landscape," Pew Research Religion & Public Life Project, Dec. 18, http：//www. pewforum. org/global-religious-landscape. aspx.

Bhatia，Ishita

2016. Hindu Mahasabha irked at IAS Topper's Wedding, *Times of India*, 2016-11-30.

◎修行人类学

专题按语

    2016 年 9 月 24~25 日，"修行人类学视野下的宗教与社会暨第二届宗教人类学工作坊"在江苏茅山乾元观召开。本次会议由中国社会科学院世界宗教研究所、南京大学人类学研究所、华东师范大学人类学研究所、金坛茅山乾元观联合主办。"修行人类学"专题系本次工作坊的精选稿。沈阳所撰的本次工作坊综述刊于《世界宗教研究》2016 年第 5 期，可参照。

口语、影像与新媒体
时代的道教传习

杨德睿

摘　要　2013 年入学的上海道教学院第五届学生与往届学生风格非常不同，可能表征着道教正在发生的结构性变化。上海道教学院虽然沿袭了办学以来的传统体制框架，以文本知识作为核心的传习媒介，但新一代教师们的教学实践却提高了新一届学生利用口语和营造影像的能力和敏感度。网络及各种新媒体的普及，形成了向"次生口语文化"趋近的征兆，道教也出现向"新媒体时代宗教"发展的势头，不仅深刻改变了道教的传习方式，也可能改变了道教既有的权威建制、道士、信徒、仪式、庙宇等各项结构元素及配置关系，使道教回归尚未被文本文化高度支配的形态。

关键词　道教　宗教传习　口语文化

一　缘起：道学院学生风格的变化

2013 年初，位于松江东岳庙的上海道教学院招收了第五届学生。这48 名新生全部都具备高中以上学历，其中还有几名是大学生转考的，据说是历届新生当中学历最高的一届。几个月后，我受邀参加这届新生的座谈会，开始与他们认识、交往。

初次见面，这群学生就令我印象深刻。座谈会的主题我已淡忘，但主旨不外乎激励这届新生把握今日得来不易的良好条件，珍惜光阴，奋发学习，继承祖师们传下来的传统。我预期这将是一场毫无刺激、没有挑战的活动，估计我和另外两位嘉宾说一些振奋人心的空话之后，最多回答主办方安排好的几个四平八稳的问题，就可以圆满结束了。没想到，学生们的提问相当踊跃，相当敏锐，甚至不客气地直指当代道教的核心危机，比如"您觉得道教还有未来吗？我们是不是注定会被科学文明所淘汰？""您觉得道教要怎样才能在越来越现代化的中国社会里延续下去？"等，甚至有人借着提问的机会批判道教的传承危机症结不在外界社会的现代化而是在道教界内部风气不正，无法承继道教的传统。这些情绪高昂的提问不仅迫使我们几个嘉宾不得不小心回应，而且引起了台下学生们之间的窃窃私语，讨论气氛热烈，结果比原定时间延后了半个多小时，才被教务长强行喊停，好让学生们能勉强赶上食堂的晚饭时间。晚饭后，我发现还有学生三三两两地聚在一起议论着座谈会上的话题。

这场座谈会让我感觉到第五届学生与我在 1998~2000 年初认识的第一、二、三届学生有显著的差异，至少"90 后"的他们比学长更愿意直面问题、更敢于做批判性的思考，也更有胆量和能力说出自己的意见和感受。这一届 48 名学生中，有约 1/4 高度认同道教和道教学院推行的主流价值与行为规范——这可以从他们穿着道装时的仪容举止是否谨饬、上殿做早晚课是否认真、上课时是否专注、课后是否认真读书或练功等判断。学生群体有这么高比例的积极分子，这对任何学校来讲都是罕见的。

这群学生最突出的、最能呼应我第一印象的特质，就是口才普遍较好，尤其善于讲述自己的经历和表达感受。或许是凑巧，但更可能是由于同侪彼此相互习染导致的风尚，这些学生似乎个个有充满故事性的经历可说，有的情节甚至几乎和小说一样精彩。此外，除了情节丰富，这些自我叙事通常不乏对自己情绪、感受的表述，外加一些感叹性质的注脚——最常出现的是各种感恩之情，如感谢大道、神明、祖师、道学院、师长乃至父母所赐的启示和栽培。这种特质也是他们与学长截然不同之处。

那么，第五届的学生和他们的学长为何会有如此大的差别？他们是如何获得这种新风格的？这种新风格的新生代道士可能会给道教带来什么影响？

二　新风格的习得

我们可以从两方面来理解这届学生何以如此喜好并善于表达自我。首先是在道教学院之外整体信息/媒介环境，其次是镶嵌在整体信息/媒介环境中的道教学院的施教内容。

就整体信息/媒介环境而言，最重要的参考坐标就是第五届学生所属的年龄世代。他们全都出生于1990年代初至中叶，即在他们还不到十岁时已出现了QQ这个里程碑式的网络聊天软件。两三年之后，电脑和互联网至少在城市地区大范围普及。就在他们进入道教学院就读的前两年（2011），以移动互联网和智能手机为平台的聊天软件微信诞生了，2013年初，微信的注册用户已经达到5亿左右。这群娴熟于上网，打电脑游戏，玩QQ、微博、微信的学生们可以说是彻底跟着电脑、互联网、智能手机一起长大的第一代中国人，基本上没经历过只能用纸笔写信和打固定电话的社会形态，也很难想象只能从旧式的信息源——书籍、报刊、广播、电视等——获取信息的那种生活状态。

这样一个新世代的文化与前代文化有何异处？在传播学、文化研究、社会学等的观察中，与本研究主题最相关的或许是这两个面向：一是信息传播的方向性从"媒体对受众"这一单向的"告知"迅速向多向散射式的"对话"转化（曼纽尔·卡斯特，2001：405-465；马克·波斯特，2000：22-28，40-49）；二是视觉文化或视觉性（visuality）的崛起，图片和音像快速地取代文本而成为信息的主要载体（尼古拉斯·米尔佐夫，2006：1-44）。

所谓"信息传播的方向性从单向告知变成散射的对话"指的是在传统的"媒体对受众"之外，大量涌现了非传统的"受众对媒体"和"受众对受众"的传播。这一趋势深刻改变了人与媒体的角色和关系，越来越多的人告别了消极被动的"受众"角色，变成了可以表达意见的"网民"，少数不隶属于媒体机构的个人甚至直接变成了信息源和意见领袖——也就是"自媒体"的运营者，同时媒体机构的信息制造者角色则日益隐晦，变形为开放给网民表达自我和彼此对话的平台。在这样传媒环境中长大的世代，会比较习惯并喜欢担任"网民"甚至"自媒体运营者"，而不是"受众"的角色。他们比较习惯、喜欢有空间表达意见、展现自我的对话情境，对不给受众表达意见余地的单向传播情境缺乏耐心，所以单向传播的信息源很难长时间吸引他们的注意力。

呼应上述传播方向弥散化的趋势，"图片、影像和声音取代掉文字的霸权地位"这一趋势，也极其强力地将大量群众拉进了一个新兴的信息交换市场。因为它一方面大幅提高了表达的门槛，让不擅长、不喜欢单纯用文本表达的群众获得了巨大的自我表现空间，另一方面它大幅拓宽了信息接收的渠道，让不擅长、不喜欢单纯通过文本来接收信息的群众得以获取海量的信息，使"受众"被深度卷入新传媒世界，成为兼具信息生产者、传导者和消费者角色的"网民"。与此同时，这也让从新传媒环境长大的世代更不耐烦于阅读和撰写纯文本信息——尤其是在单向传播的情境下。

综上，在网络新媒体环境下成长起来的这群"90后"道学院学生，很可能在入学以前就已经被媒介环境陶冶出了对互动性、对话性的传播情境和对多媒体信息（结合文字与音像）的习惯和偏好，并对单向传播及纯文本信息不适。换言之，他们很可能更倾向于在信息传播过程中扮演一个积极参与者，发挥从点赞（或踩）、跟帖、留言、转发到自己创作发布等程度不等的功能，而不只是一个永远"潜水"的受众，或者无感、飘过的"路人"。

道教学院的教育，就其体制而言，对于上述新媒体环境塑造出来的倾向在很大程度上是有遏制效应的。因为该学院的建制框架是完全照搬主流教育体系里民办职业专科学校的整套模式，即由学年、学期、学分、学时、课程表、集中课堂教学、文本教材、考试、有限的师生关系等元素构成的现代学校教育模式。

这种模式，有树立和巩固"论说型知识"（discursive knowledge）的霸权地位的巨大效果（杨德睿，2010；Yang，2010），并能有力树立一种对于道士而言具有强大异化效果的现代性的、外在化的时间意识。道学院的教育体制依然是以文本为最核心的媒介形式，以研读、背诵和书写文本为最重要的学习方式，并且致力于陶铸遵照客观、绝对的（时间）规律而独立运行的、具有反身性观照的自律主体。简言之，道学院的教育体制鼓励的是文本知识和原子化的孤立主体，与网络新媒体时代对于多媒体信息和积极参与互动/对话的网民的偏好，可以说是南辕北辙。

然而，课程表之外的教学活动却很友善地接纳甚至发展了网络新媒体时代的文化风尚。这些新式教学实践的旨趣可以归纳为两个方向：一是提升学生对影像营造的关注和能力，二是提高学生对言语表达的关注和能力。

首先，看影像营造方面。这个方向上比较突出的教学实践，包括将习练"静功"和"动功"列为例行功课，以及让学生参与上海道教界"恢复"的几场盛大道教仪典等。

按照一般人的传统或常识性的想象，道士都是要每日修炼动功（导引术，俗称打拳）和静功（内丹术，俗称打坐）的，可实际上，上海道教学院虽然有教授相关的理论知识，也开设过太极拳课程，但一向不曾严格要求学生每日练功，也不曾考核学生的动静功夫水平。然而，从第五届入学开始，道学院便把"坐圜堂"（即打坐炼丹）列为与早晚课科仪一样的每日例行功课。

道教学院恢复坐圜堂和导引术修炼的旧制只是上海道教的传统复兴运动当中的一个侧面，重现民国时期以前的庙会等大型公开仪典或许才是更受重视的"主阵地"，这些仪典也成为学生学习的重要契机和平台。学生在入学刚满一年之后，就碰到了浦东三林塘崇福道院依照 1949 年以前的惯例而举办的甲午年（2014）"三月半"圣堂民俗庙会，他们被指派担任庙会游行队伍中核心的仪仗队。[①] 由于他们的乐器演奏技艺水平还不够，吹鼓手还是得由上一届的学长们担任，他们身着明黄色经衣、扛着大锣、擎着旗帜游街，在高度现代化的都市道路景观中，扮演着从时光隧道里穿越过来的"古人"。

此后，除了循例参加崇福道院的"三月半"庙会，[②] 他们又在 2015 年 10 月的上海城隍庙住持升座大典中担任仪仗队。这场恢宏缛骊、考据精审的大典，无疑是上海道教复兴传统运动过程中的一个里程碑，从服饰、器物、空间布置、仪式节次、人员走位到仪式中的动作、音乐、对话等，都是由醉心于复古的道教仪式美学专家团队精心设计并尽心尽力监督落实的作品。结果，这场力图再现宋、明玄门威仪的大典不只吸引了十万以上的民众到场围观，"道教之音""腾讯道学"等专门传播道教的网站也派员在现场直播，不过数小时之后就制作成了图文并茂的报道挂上互联网，内含数十张不逊于古装大片宣传照的高清仪式场景照片，随后不久，大典的视频剪辑也被挂上了网，这些精美的影像报道很可能吸引了比到场

---

① 2014 年的庙会参见 http：//www. daoisms. org/article/sort028/info-11718. html。

② 2015 年的庙会参见 http：//www. daoisms. org/article/sort028/info-16325. html；2016 年的庙会参见 http：//www. daoisms. org/article/sort028/info-22523. html。

观众还要多得多的网民围观。① 尽管青涩的道学院学生们只能担任擎罗盖、捧如意这类"跑龙套"式的劳力工作，甚至只能穿着平常的青布长道袍在坛场边缘维持秩序，但单单是参与这场历史性大典这件事本身，就足以让这些年轻人表现出异常的兴奋和自豪。

修炼动静功夫和在公开仪典中担任仪仗队为何有提升学生们对影像营造的关注和能力的效果？暂且不论前者在道教义理中被赋予的核心重要性，也暂不追究这些学生是否真通过这些修行功夫而体认到祖师们揭示的玄奥境界，这些修行功夫在经验上最可实证的效果，就是让学生们把注意力从外在环境的各种信息刺激中、从执行各种任务的思虑中抽身，回头聚焦于如何操作自己的肉身这个问题。这一点放在身为初学者的学生身上表现得特别清晰，因为他们都还处在学习如何把姿势做对的入门阶段，练静功要克服的主要挑战是腿脚的痛楚和麻痹、腰背的酸疼，还有瞌睡虫的侵扰，而练动功的主要挑战则是如何做出正确的功架子并且记熟一连串的动作转换。质言之，自身的形体就是他们的核心困扰，也是需要他们去尽力操作、打磨的唯一对象。尽管他们没有像练舞蹈的学生那样对着镜子来观看、纠正自己的动作，但这种每天例行的身体技术训练肯定会构成一种刺激，促使他们注意"观看"（比喻以体感为基础再加上想象的视觉化过程）自身的形体，提高控制形体的能力。

通过习练动静功夫提高对形体的关注度、敏感度，在担任公开仪典中的仪仗队角色时获得了进一步的发展。首先，仪仗队和习练初级阶段的动静功夫，特别是静功所做的事情、所追求的目标很接近，两者都没有什么复杂的任务需要执行，所以也不需要对外界动态保持敏感，讲究的都是能克服各种肉体不适的干扰、抑制身体的不安躁动，静心专注于表现出肃穆、宁静、优雅的举止仪态。让道学院学生置身于众多他者的注视之下，仪仗队很可能比练功更能提升对自身形体的关注度、敏感度，也更能激发他们控制自身形体的能力。在各种网络平台上广泛流传的关于仪典的影像志（他们当然也通过自己的微信朋友圈、QQ空间等积极参与这些影像志的散播），尤其是那场住持升座大典留下的华丽影像，更是帮助他们认识

---

① "道教之音"关于此事的专题报道在 http：//www. daoisms. org/article/sort028/info-19192. html；图集见 http：//www. daoisms. org/picture/19190. html；"腾讯道学"的报道见 http：//rufodao. qq. com/a/20151019/018763_all. htm#page1。

影像营造的重要价值。

以上所举的几项活动都比较静态，特别是肃穆静雅的仪仗队，静态的形体发挥的功能可以说类似一组象征物——尽管是可以自我驱动的象征物，在这样的场合中，个体的自主表现空间相对很小，所以学生们对营造形体、影像的注意力确实很可能会因为长期姿势僵化、动作机械化而趋于涣散。针对这点，道教学院碰巧获得了一个对治的办法，那就是排演话剧。

道学院学生排演话剧一事似乎是无心插柳柳成荫。整件事缘起于学院的领导为了提振学生们的士气，增进同学间的感情，在 2013 年年终时举办岁末联欢晚会，号召学生们积极报名展示才艺，结果有几名最活跃的学生编写演出了《黄粱梦》话剧，讲述钟离子度化吕洞宾的故事。最初的谐谑版长度在 20 分钟左右，内容滑稽逗趣，当晚势头就盖过了其他比较严肃的节目（如古琴演奏、太极拳等）。大获成功后，在老师们的鼓励和协助下，他们把该剧的规模扩大、情节和对白精致化，弱化了其中的喜剧元素，把全班 40 余名同学都编入演员阵容，排成长达一个半小时的严肃神话剧，成为道教学院学生的招牌节目。在浦东三林塘崇福道院庙会、茅山论道等场合演出了几次，博得了观众热情的支持。受到该剧大获成功的激励，该剧的编剧兼导演进而尝试以铁板快书的形式弘道也得到好评。很显然，排演话剧对于学生们以形体、影像来表达、传导信息的意识和能力有很强的提升作用。

其次，道教学院如何强化学生对言语表达的关注和能力。

中国道协自 2008 年开始大力推动"玄门讲经"，号召全国道教界扬弃明清以来自我封闭、不对外宣讲道教义理的陋习，恢复宋代以前讲经弘道的传统，鼓励各道协、各宫观尽可能定时定点开办面对一般群众的道教经典讲座，为此举办了一系列玄门讲经比赛，并将比赛得奖者的讲经视频挂上网，逐渐培育出了一批擅长讲经的青年道士。

上海市道协从一开始就积极响应号召，首先是在市道协所在地的上海城隍庙进行试点，于每月初一、十五香客较多的日子里，由学养口才俱佳的李道长（道学院第二届毕业生）站在二楼的老君堂对楼下来往的香客讲经，逐渐成为定例①，之后道协以此试点的经验，积极推动浦东的钦赐

---

① 上海城隍庙的讲经活动之后有很多发展，除李道长外又有别的道长加入讲师行列，讲经的时间、地点和形式也有很多更迭。

仰殿、崇福道院仿效。在这样的潮流所趋之下，作为上海市道协人才培育基地的道学院积极响应，选拔、培养讲经比赛选手，因此第五届道学院学生几乎从一进校门开始就普遍意识到讲经比赛是一件很重要的事。道学院的选手自 2013 年参赛以来一向表现优异，在上海市和全国的比赛上经常获奖。2014 年起，道学院成立讲经弘法组，吸收了七八位仪表和口才的发展潜力较佳的学生，激励他们切磋磨炼讲经这项专长。次年，政府将被侵占数十年的外滩南京路步行街旁的保安司徒庙（虹庙）交还上海市道协，作为文物保护单位开放，于是道协将虹庙改建成一座举办道教文化讲座专用的讲堂，实际上也就成了道学院讲经弘法组的实习场地。此后，道学院讲经弘法组的师生例行在每周日下午开办对一般民众开放的"畅玄"道教经典讲座，老师和学生轮流上台主讲《早晚功课经》当中的选段，如八大神咒、众神明和祖师的宝诰、《玉皇经》《三官经》《北斗经》《清静经》等，渐渐扩展到《阴符经》《道德经》等较艰深的经典。之后他们又专门建立了名为"海上道风"的微信公众号，预先公布每季的讲座时间和主题。

与"讲经"在师生间得到的关注度不断提升的趋势相呼应，又或是老师有意借机培养学生将来讲授《道德经》的能力，从二年级下学期（2014 年秋）开始的《道德经研读》课程改采研讨课（seminar）的方式，废除"老师讲书，学生听书"的传统教学法，由学生们轮流负责领读、讲解《道德经》。除了阐明原文文意，也要求领读者阐发自己对经义的体悟，并回应同学们的质疑，最后再由主课老师点评、总结。这门课非常成功地激发了学生们的兴趣，学生们经常为了解经的意见争论，足证学生们热情参与的程度。

此外，三年级下学期的《宗教心理学》课程也有一定的研讨课性质，虽然这门课基本沿袭"老师讲书，学生听书"的模式，但是学生们的"表演"在上这门课的过程中扮演了很重要的角色。老师每次都会布置作业，指定几名学生设计一小段讲话或对白，内容力求体现上次课程讲到的某个宗教心理学的概念或原则，然后下次上课时在全班同学面前"交作业"，即上台演示他们设计的讲话或对白（要求的标准是不看稿，但没有很严格执行），然后请全班同学打分、点评，老师再做总结点评。这门课也获得了学生们相当热情的参与，因为"这门课教的东西很实用""将来和人打交道的时候一定用得上"。

值得一提的是，道学院对第五届学生创设了中期考核制度，在三年级上学期接近期末时举行，考试方式包括笔试，但更看重面试，因为这项考试意在全面检定学生的素质，而不只是背诵和写作的能力，必须要给特长在音乐、武术、讲经等方面的学生有发挥的空间。至于面试的考题，除去依照学生专长设置的特定问题外，所有学生都要回答一些共通问题。有一些是从道教的历史掌故、经义论辩等以文本知识为基础派生出来的问题，但更重要的是一些自白、自省式的问题，比如你为何入道、为何来本学院求学、入学以来学到了什么、近来修道有何心得体悟、对未来的道人生涯有何期望和规划等。

纵观以上的教学实践，我们不难看出在强化言语表达能力的同时，学生的自我表达也得到越来越大的施展空间。原本不善言辞、不喜欢表达自我的学生，就算可以躲过讲经比赛的海选，也要在《道德经研读》和《宗教心理学》"研讨课"上做报告、发表心得、演出设计对话，最终还得在中期考核的面试时直面老师的质问。在这样的对话里，学生是无法把"自我"隐藏到经典、课文或其他人的背后去的。

三 口语文化与认同感

新一代教师借由新形式的教学实践提高学生在影像/形体营造和言语表达方面的敏感性与操作能力，或许已足以解释这一届学生比前辈更善于大胆表达自己的意见，也更长于自我叙事的原因。这些新风尚和其对道学院的"主旋律"——爱国爱教、尊师敬长、感恩奋发等各种充满正能量的信息——所表现出来的更高度、更热情的认同有何关系呢？这个问题的线索也许要到媒介环境中去寻找。

1960 年代以来，不少重量级的人类学家和传播学者，诸如杰克·古迪（Goody, J., 1968, 1977, 1987）、马歇尔·麦克卢汉（2011, 2014）、瓦尔特·翁（Ong, W., 1982）、菲尼根（Finnegan, R., 1988）、巴斯（Barth, F., 1990）等对媒介环境与宗教形态之关系提出过重要的论点。这一思路后来为怀特豪斯（Whitehouse, H., 2000, 2004, 2007）和雷德洛（Laidlaw, J., 2007）等宗教人类学家批判性地承继，形成了目前依然颇有市场的"宗教认知形态论"。依照这一思路的传统，强调以口语传播的宗教普遍要比主要以文本传播的宗教更能激发情感性、情绪性的认同。

从奠基者古迪开始，这一传统就将宗教依时序分成两大阶段或类别："口语文化（orality）时代的宗教"（以下简称"口语宗教"）和"文本文化（textuality）时代的宗教"（以下简称"文本宗教"）。严格来讲，前者是指在文字出现以前、完全仰赖口语传播的社会中产生和流行的宗教，后者则是指文字已确立权威性传播工具的地位的社会中产生和流行的宗教。这种划分只是基于"口语文化"和"文本文化"这两个韦伯"理想型（ideal type）"的概念，延伸出来的光谱，目的是便于我们更清晰而深刻地分析具体经验案例的性质。

那么，口语宗教和文本宗教的差异何在？由于篇幅限制，此处只能略过古迪的几本奠定了"读写能力论（literacy thesis）"的巨著，直接引用瓦尔特·翁简明扼要的整理（Ong, 1982：36-78）：原生口语文化（primary orality）中的宗教是小村落（部落）共同体的宗教。① 它是各种理路不连贯的神话传说、知识、禁忌和仪式凑成的一个"大杂烩"，其关键在于其信息的情感性。它一样会在众多的村落共同体间相互传播，如万花筒一般在各地形成不重样的混合体。相对的，文本宗教可以凭借神圣经典而远传，同时保持着大体同样的形态，其中传播最广的那些就成为所谓的"世界性宗教"。文本的逻辑会逐步将理路不连贯的元素排除、修改成为一贯性的说法和行为方式，思辨能力会逐渐盖过富感染力的情感表达而成为宗教心智的核心。关于历史，它也一样会不断变动，但是它对变革有清晰的意识，并且通常会排斥变革，于是不时爆发间歇性的新旧之争。简言之，原生口语宗教倾向于小范围共同体的、非历史性的、混杂的、以情感性为主的群众宗教，而文本宗教则倾向于普世性的、历史性的、逻辑一贯的、思辨性的个人宗教。

尽管仪式在两种宗教里都很重要，仪式风格却截然不同。原生口语宗教中，仪式传统只有朦胧的框架，着重追求的是每次举行仪式时出现的自发性的、富于情绪感染力的表现，以及其产生的情感、情绪上的后果；文本宗教中的仪式传统则倾向于变成仪轨，亦即依据明确的脚本，依循一贯

① 原生口语文化指完全不曾受到过文字"污染"的口语文化，用以与电子媒体崛起以后的"次生口语文化"（secondary orality）相区别，详见本文第四节。

的逻辑，以无数严格的规定来确保一系列公式化行动，即兴演出和自发性的情绪渲染通常被严格管控、压抑在很小的范围之内，以免脱离"公式"的框限。事实上，文本宗教倾向于蔑视每一次仪式的演出经验，它重视的是一次次公式化的行动所反复再现的"传统"或"意义"，该仪式一般要求信徒须从个别仪式产生的感官情绪体验中走出来，鼓励信徒通过沉思内省仪式所诉求的经典文本来领悟仪轨所要传达的奥义。"口语宗教仪式和文本宗教仪式"的二分法被怀特豪斯改造成了"仪式—文本"的宗教认知形态二元论，不再强调媒介的差异（口语—文本），改称两种宗教的形态差异根源在二者所倚重的认知能力不同，尤其是记忆的种类不同，前者仰赖的是自传式的、场景性的记忆，后者则是线性的、字串性的记忆。

以口语为主的宗教传播之所以要比以文本为主的宗教传播更能激发情感性、情绪性的认同，根本原因在于口语和文本这两种媒介的本质性差异：口语传播具有一次性（非延续性）、具身性、本真性、亲近性、多感官经验综合性等截然不同于文本传播的特质，这些特质使口语传播比文本传播更利于塑造信徒对宗教信息的情感性、情绪性认同，也更利于塑造信徒彼此间的情感性、情绪性认同。以下对这五项特质略做解说。

一次性（非延续性）：在录音技术发明以前，口语表达只存在发声的那一瞬间，没有文本所具有的延续性，所以口语表达是一个镶嵌在具体时空中的事件，它可以被记忆下来并不断重复，但每次"重复"其实都是一次新事件而不是"延续"。无论如何，在没有文字介入的情况下，它无法被抽离出时空坐标。

具身性：口语表达是一个以上的人的行动汇聚而成的事件，其中至少必须包含一个人说话的动作和一个人聆听的动作，而人的身体是这些行动的唯一来源，所以口语表达有强烈的具身性，和离开人身而存在的文本（尤其是印刷文本）有本质上的不同。后者虽然也是行动的结果，但是作者的身体和其书写的行动可以被隐没在已经成为物质的文本背后，甚至可以被无视、遗忘，但口语却不能没有身体。

本真性：首先，口语表达既然是一次性的、具身性的事件，它必须有个说者（转述者也是说者），也就是说言语（信息）和说话者（作者）是不可分割的，言语信息只能和说话者的口音、语调、语气等一切承载着他独特个性的元素糅合在一起才能存在；其次，言语很可能是我们最主要的思考媒介，换言之，最能贴近地呈现人类心智运作内容的媒介就是言语，所以尽管不一定完全正确，但我们普遍倾向于将言语和说话者的独特主体性混同起来，认为言语就是说话者主体性的呈现，所谓"本真性"即是指言语和说者主体性之间趋于混同一致的关系，文本显然不具有这种性质，因为人类一般不是用文字来思考，而且文本一旦书写完成后就与作者分离了，成为独立存在之物。

亲近性：亲近性指的是口语表达预设了说者和听者之间的亲近性，因为口语表达是一次性、具身性的事件，再加上人的声量有限（就算是有麦克风之类的扩音设备），所以口语表达只能发生在同时出现在相对小的空间里的为数不多的一群人当中，所以我们完全可以预设一起聆听到某次口语表达的听众都必定曾经亲自在现场参与过那次事件——直到录音和广播出现以前都是如此，那次事件至少是这群参与者生命历程曾经交汇的一个标志，它因而也相当自然地会被当作一种发展群体认同意识的基础，尤其在一群经常用口语对话的人之间，某种我群意识的产生几乎是必然的。相反的，文本利于将信息从当下时空中抽离出来，传播到遥远的异时空之中去，同时，文本天生就倾向于将人与人"拉开距离"（distancing），因为阅读是孤独的行为，就算是千万人在一起阅读，他们也将是一个个分别面对着文本，而不必彼此交流。

多感官经验综合性：前已述及言语信息只能和说话者的口音、语调、语气等一切承载着他独特个性的元素糅合在一起才能存在，这也就意味着作为事件的口语表达是一个多感官经验的综合体，除了工具性的信息元素之外，它还必然包含着更多的情感、情绪、美感元素，而且不仅是说话者的语音，他的体态、衣着、相貌、姿态、动作，乃至当时的时空、气候、场地、象征物、说话者、气氛、听者自身的身心情绪状况等都会成为信息传导过程中的一部分，它们集体塑造了参与者对这场事件感受到的经验和事后的回忆。因此，情感、情绪、美感等"难以言传"的体验往往比可以被概念化为语言文字来表述的内容要丰富得多。相对的，阅读本质上是视觉这一种感官独霸的过程，其间其他的感官都被要求要大幅迟钝化（如此才能专心阅读）。尽管借由阅读而收到的文本信息会引起情感、情绪、美感上的共鸣，但它还需要在脑中转译成语音或景象，比较间接，传真度也较低。

第五届学生之所以会对爱国爱教、尊师敬长、感恩奋发等道学院所欲传播的"主旋律"信息表现出更高度、更热情的认同，原因就在于老师们顺应网络新媒体时代的风尚，通过创新的教学实践，构造出一种重视口语和形体/影像表达（表演）的环境，使学生们在传统的文本知识霸权领域之外有一个属于口语文化的另类场域。他们从中孕育出类似于口语宗教中的高度情感性认同，并且不吝于用口语、表情和肢体语言来表达这种情绪。

四 新媒体时代宗教：创新抑或复古？

关于"口语宗教"的阐释颇有助于解释上海道学院的新发展，但此外的"口语宗教"指原生口语文化（primary orality），即丝毫没有被文字"污染"过的原生态口语文化之中的宗教，而上海道学院的案例所要传承的道教也不是口语宗教，而是一个有着卷帙浩繁的经典、极其"文绉绉"的宗教传统。我们该如何面对这个语境错置的问题呢？

事实上，瓦尔特·翁和麦克卢汉早已意识到这样的问题，两人都曾清晰地指出：于19世纪陆续出现的电报、广播、电视等电子媒体带来了一定意义上的文化复古现象，也就是说文本文化取代口语文化的大趋势被电子媒体逆转，未来人类的生活将越来越凸显较原始的口语文化特征。因此，瓦尔特·翁将电子媒体出现以后的文化形态称为"次生口语文化"（secondary orality），因为这个时代和原生口语文化有诸多类似之处（所以都是"口语文化"），然而它又必须以文本文化为基石（所以是"次生的"）。

至于麦克卢汉，他似乎未曾像瓦尔特·翁那样，野心勃勃地试图对电子媒介出现以后的时代做出一个总的概括，也提出了虽内容单薄但更脍炙人口的"地球村"概念——电子媒体极大压缩了时间和空间，使全球人类变得与古代的村民们一样能够几乎同步地接受信息，从而有可能产生一种类似于部落成员之间的共同体意识。他称这个现象为"再部落化"，意思是对上古口语文化的复归。

上海道学院案例是"次生口语文化"概念的一个很贴切的例证：学院意图传承一种立足于文本文化之上的"文本宗教"，其结构也依然彻底镶嵌在文本文化的框架里，但在电子媒体普及所带来的新风尚影响下，其实践表现出越来越显著的口语文化性质。所以，这个案例没有语境错置的问题，它反而是整个语境变化的例证。

如果说理论语境错置问题已经被消解了，那么下一步该追问的就是"次生口语文化""再部落化"这些概念对我们更深入理解这个案例能提供什么启发。创造这些概念的瓦尔特·翁和麦克卢汉不曾深入具体讨论过它们对于宗教的意涵，笔者仅能从中提炼出一些可能贴切的暗示，这些暗示总的指向就是一种或可称为"新媒体时代宗教"的发展趋势。

首先，"新媒体时代宗教"在许多方面很像原生口语文化中的部落/村落宗教，但在以下三方面截然不同。

其一，经典文本的神圣地位依旧，阅读经典的必要性和价值也依然被广泛承认，尽管真正靠研读经典来认识宗教的始终只是少数人，但是经典文本终究限制住了随意演绎宗教义理、神话传说的空间；其二，虽然很可能会新创作出具有口语宗教特征，亦即突出自发性、情绪性、着重群体参与和互动体验等元素的新仪式系列，但经典文本将会确保传统的仪轨继续存在，但是这些传统的仪轨也很可能会变化，详见下述；其三，所谓的"部落/村落"不再是传统意义上的部落/村落，而是通过网络上的社交平台来联结实际上散居各地但有共同兴趣的信徒，他们彼此间可以借助特别是移动互联网来进行实时对话和持续不断的接触（在线）。由于进出这些平台非常自由，几乎没有成本，所以人们可以非常挑剔地选择自己要参加的群体，因此这些群友们很可能比传统的同村邻居们间交流的时间更长，兴趣和意见的同质性也更高，很可能拥有更强的群体认同感。

其次，"新媒体时代宗教"与孕育它的"文本宗教"的共同之处或许更多，但在以下三方面存在显著差异。

其一，正如巴斯在东南亚和美拉尼西亚的观察（Barth，1990），尽管经典文本依然享有公认的权威，但知识的权威结构趋于水平化，传统上凭借研读经典文献的功夫获得教内同行承认而在神职阶层体系里占有一席之地的"经师"体制日趋陵夷，而以阐释宗教义理的"口语宗教"才能通过电子媒体博得普通信徒的追捧。

其二，正如艾科曼在阿拉伯世界的观察（Eickelman，D.，1922，2005，

2011），电子媒体将改变信徒的性质，静默地阅读经典、聆听经师诵经、乖乖遵循自己不明就里的仪轨的那种传统的信徒将日趋边缘化。积极得多的新一代信徒将经常置身于线上和线下的宗教性对话，习惯于在对话者（大多是"居士"而不是有正式神职的"师父"）提供的海量宗教信息之中自主挑选、吸收和反应，习惯于提问和表达意见（跟帖、评论），并不时自己扮演起信息筛选供应者的角色（自创、转发），故传统式的教条灌输（indoctrination）对其难有作用。

其三，依据传统科本执行的仪轨会继续存在，但将会朝向至少这两个方向演变：一是对寻求线下亲身参与仪式实践的积极信徒开放一定的深度参与空间，以这类机会来引导这些信徒获得修行的体验，比如吸收训练信徒来担任诵经班成员等；二是通过对景观、建筑、服饰、器物、动作、音乐等元素的精雕细琢尽力提升仪轨整体的感官品质，使仪轨成为可以吸引信徒（也包括非信徒）亲自到场或远距离参与（在网上围观、评论、转发）的一场多媒体综合艺术展演。

综上所述，"新媒体时代宗教"概念旨在提出这样一种设想：电子媒体普及化将改变宗教知识/信息被包装、呈现和传习的方式，使本文读写能力与口才、影像营造等能力的重要性出现消长，并终将带来宗教的各种关键元素——如信徒、神职人员、权威建制、仪式、庙宇、器物等——风格、角色及关系配置的深刻变化。当今中国，不少征象显示，这一地壳运动式的剧变已经蓄积了相当的能量，甚至在局部破土而出。上海道教学院教育风格的转变就是其中较为清晰的一例。

最后要强调一点："新媒体时代宗教"概念无意强调它的"新"，只是因为时下普遍将各种网络电子媒体泛称为"新媒体"罢了。事实上，正如瓦尔特·翁的"次生口语文化"和麦克卢汉的"地球村"都强调某种复古趋势的出现，"新媒体时代宗教"也在相当程度上是一种复古，是文本文化霸权高度扩张之前，上古口语宗教形态的局部重现。

以道教为例，尽管《道德经》和《南华经》的出现证明道教在战国前就已进入文本时代，但是直到六朝时期的上清派和灵宝派群经出现后，道教才有卷帙浩繁的经藏和仪轨体系。教团的权威建制、道士的科层体系和依据经典文本来考选道士的制度，更是晚到被李唐王朝奉为国教以后才出现，道教也才成为严格意义上的文本宗教。

　　唐以前的道教，尤其是天师道和太平道，可以说是介于口语宗教和文本宗教之间的形态。我们可以从《太平经》和《老子想尔注》的口语风格推测，这两场作为道教之滥觞的运动，都积极对庶民百姓宣讲教义——前者似乎是一份汇编成的文集，后者估计是各时期的祭酒用以对教民讲授道德经的讲义。唐宋时期，道教虽然成了高度文本化的正统宗教（orthodoxy），但对道门之外的民众宣讲经义的活动也未完全消失，尤其是全真派在金朝/南宋初兴之时，就不时以演说或吟诵白话诗歌的方式传教。从这个角度来看，如今道教界应对"新媒体时代"而做出的各种新举措，或可视为对古太平道、天师道或者至少宋代以前道教的口语传播传统的复苏。

参考文献

中文

　　〔美〕马克·波斯特：《第二媒介时代》，范静哗译，南京大学出版社，2000。

　　〔美〕曼纽尔·卡斯特：《网络社会的崛起》，夏铸九、王志弘等译，社会科学文献出版社，2001。

　　〔加拿大〕马歇尔·麦克卢汉：《谷登堡星汉璀璨：印刷文明的诞生》，杨晨光译，北京理工大学出版社，2014。

　　〔加拿大〕马歇尔·麦克卢汉：《理解媒介：论人的延伸》，何道宽译，译林出版社，2011。

　　〔美〕尼古拉斯·米尔佐夫：《视觉文化导论》，倪伟译，江苏人民出版社，2006。

　　杨德睿：《现代学校教育与时间意识的革命——以道教学院为例》，《中国研究》2006年春季号（总第3期）。

　　杨德睿：《当代中国道士培训教程的特征与意义》，《中国农业大学学报》2010年（第27卷）第1期。

英文

Barth，Fredrik.

1990. "The Guru and the Conjurer: Transactions in Knowledge and the Shaping of Culture in Southeast Asia and Melanesia," *Man* (New Series), Vol. 25, No. 4: 640-653.

Eickelman，Dale.

1922. "Mass Higher Education and the Religious Imagination in Contemporary Arab Societies," *American Ethnologist*, Vol. 19, No. 4, pp. 643-655.

Eickelman, Dale.

2005. "New Media in the Arab Middle East and the Emergence of Open Societies," in *Remaking Muslim Politics: Pluralism, Contestation, Democratization*, edited by Robert W. Hefner, Princeton University Press, pp. 37–59.

Eickelman, Dale.

2011. "Media in Islamic and Area Studies: Personal Encounters," *Oriente Moderno* (Nuova serie), Anno 91, Nr. 1, pp. 13–22.

Finnegan, Ruth.

1988. *Literacy and Orality: Studies in the Technology of Communication*, Oxford: Blackwell.

Goody, Jack.

1968 (ed.) *Literacy in Traditional Societies*, Cambridge University Press.

Goody, Jack.

1977. *The Domestication of the Savage Mind*, Cambridge University Press.

Goody, Jack.

1987. *The Interface Between the Written and The Oral*, Cambridge University Press.

Laidlaw, J.

2007. A Well-Disposed Social Anthropologist's Problems with the "Cognitive Science of Religion", in *Religion, Anthropology, and Cognitive Science*, edited by Harvey Whitehouse & James Laidlaw, Durham, N. Carol.: Carolina Academic Press, pp. 211–246.

Ong, Walter.

1982. *Orality and Literacy*, London: Methuen.

Whitehouse, Harvey.

2000. *Arguments and Icons: Divergent Modes of Religiosity*, Oxford University Press.

Whitehouse, Harvey.

2004. 2004. *Modes of Religiosity: A Cognitive Theory of Religious Transmission*, Walnut Creek, Calif.: AltaMira Press.

Whitehouse, Harvey.

2007. Towardsan Integration of Ethnography, History, and The Cognitive Science of Religion, in *Religion, Anthropology, and Cognitive Science*, edited by Harvey Whitehouse & James Laidlaw, Durham, N. Carol.: Carolina Academic Press, pp. 247–280.

Yang, Der-Ruey.

2012. "Revolution of Temporality: The Modern Schooling for Daoist Priests in Contemporary Shanghai," in Liu, Xun & David Palmer (eds.) *Between Eternity and Modernity: Daoism and its Reinventions in the 20th Century*, Berkeley: University of California Press.

Yang，Der-Ruey.

2010. "From Crafts to Discursive Knowledge: How Modern Schooling Changes the Learning/Knowledge Style of Daoist Priests in Contemporary China," in Chao, Y. Adam (ed.) *Religion in Contemporary China: Revitalization and Innovation*, Chapter 4, UK: Routledge.

日常生活中的祈祷
与平信徒的修行[*]
——怒江傈僳人的案例

卢成仁

摘　要　在傈僳人信仰实践中，祷告作为修行过程更多是在学习并规诫自身成为一个基督徒，而非以"'超凡脱俗'为目的"。祷告仪式及其行为也存在着一个非预期的结果，即以个人、家庭为中心的社会结合过程，在日常生活中也具有"整体的社会事实"的价值和性质。

关键词　傈僳人　基督教　社会结合

自2013年11月杨德睿、陈进国、黄剑波等正式提出"修行"研究概念后，学界前辈和同人从不同的视角，结合各自不同的田野调查，对"修行"研究提出了精彩的分析和思考（陈进国主编，2016）。若以行为上"'超凡脱俗'为目的学习活动"来界定"修行"，那么在乡村社会中的宗教修行者在日常生活中修行过程是怎样的？特别是普通信徒日常生活中的修行过程，是在怎样的文化背景中进行的？有怎样的一个脉络化的过程？又有怎样的行为特质，可以提供予"修行"研究概念进行反思、扩充的？本文将聚焦上述问题进行分析。

一　祈祷与基督教信仰

在莫斯（Marcel Mauss）看来，所有宗教现象中，很少会有哪种现象

＊　本文系中央高校基本科研业务费专项资金资助（20720231007）的阶段性成果。

如祈祷一样给人如此具有活力、丰富和复杂的深刻印象。莫斯如此陈述，有两重理由。

（1）如果说信仰是一种思想、观念和情感并充满着意义的话，那么仪式就是行动，是一种基于行动的表达；而祈祷恰恰就是仪式和信仰的统一，既赋予人们意义，又充满创造力和效力。

（2）宗教在其发展过程中经历了双重演变：首先，当它变得更为精神化后，宗教日益变得个体化（仪式在开始时本质是集体性的，宗教的进化使得宗教实践变得越来越个体化）。

祈祷因其口头仪式的性质，有助于这一双重转变。不过，祈祷本身在这种双重变化中，最终变成了一种思想、一种理想的宣泄（莫斯，2013：23-30）。因而在莫斯的视野里，当祈祷成为宗教过程中一种基本形式时，特别是在开放的基督新教体系中，实际上已经成为宗教生活的全部（莫斯，2013：26）。

尽管莫斯（莫斯，2013：31-37，159-160）分别列述并评论了宗教史、哲学、神学、心理学视角对于祈祷的研究，我们发现时下的研究大部分还是由各自的学科立场切入对祈祷的分析，大体上可以分为宗教史、哲学、心理学、神学四个视角（郭静云，2007；徐新，2010；张清江，2016；廖思梅，2009；王毓红，2015；崔光成等，2013；仁泽，2003；穆卫宾，2010；宗主教，2006；李玉双，2016；范清心，2006；陈企瑞，2015）；同时，也有将包括祈祷在内的宗教经验放入脑神经科学体系里进行解释的方向（Newberg，2001；Leuba，2011；韩慧娟、刘昌，2008）。

虽然，莫斯是从演化的角度来讨论宗教过程中的祈祷仪式，但他的研究还是值得镜鉴；如有学者提出应注意祈祷过程中身体—行为、情绪—心理、意志—灵性的维度，包含的"发出"（从人到神）和"回应"（从神到人）的过程，进而希望拓展和扩大对祈祷的分析（胡梦茵、黄剑波，2015）。另外，莫斯明确说明了祈祷在宗教实践个体化过程中的作用，并强调祈祷仪式背后的社会传统，即祈祷是一种社会性的行为，是一种社会学习的产物，是一种社会制度（莫斯，2013：49-50）。他所给出的问题——哪个群体在使用它？在什么条件下使用？不再是确定某个人的想法，而是探索一个群体的观念——仍然具有启发意义。因而，我选择延续莫斯的讨论路径，将祈祷作为群体行为进行分析，以此来理解娃底傈僳人的修行过程，并讨论这一修行过程给社会组织和运作带来的非预期的作用和影响。

二 基督教信仰与娃底傈僳人

怒江峡谷信基督教人数众多，峡谷内信徒人数分布呈"两头小中间大"的格局，处于峡谷中间的福贡县是怒江信教人口最集中的区域。娃底村地处峡谷中段，背靠中缅边界的高黎贡山，海拔 1240 米，地形和村子呈线性聚落，南距福贡县城约 9 公里。娃底村居民主要是傈僳人，共有168 户 639 人，其中男性 308 人、女性 331 人。基督教（新教）于 1940 年前后传入娃底村，在娃底村近 80 年的传播进程中，已成为当地傈僳族的主体信仰。因临近怒江交通主干道瓦贡公路，娃底约有 23 户人家从事以三轮摩托、微型车为主的交通运输业，但村内大部分人家的收入来源主要是农业种植业及在区域内外时间长短不一的打工行为。2006 年 8 月、2007 年7～9 月、2009 年 8～10 月、2010 年 4 月、2010 年 8～10 月、2010 年 12月～2011 年 1 月、2012 年 12 月、2016 年 8 月，笔者先后 8 次进入娃底村，进行了总计约 10 个月的田野调查。

娃底村所属的上帕沿边地方，在基督教传入以前，"最嗜烟酒，无论男妇老幼，均用竹杆竹根制为烟具随身携带，吸食草烟习以为常，莫之非笑；酒则各户自造为烧酒杵酒二种……。无论何事有酒，均合村同饮，醉后不择人家任意酣眠，即道旁村畔亦有醉卧者，醒后始归，沿江一带相与成风不以异现"。[1] 由于地力与种植技术的原因，"仅边（江边）一带稍产稻谷，亦掺杂而食，高山之地概系杂粮，无论何种粮食均煮为粥，……不饮茶惟嗜酒，每当收获之后，即任意煮酒同村共饮，不知节省，不知储蓄，一至次年二三月间即行借粮，否则忍饥耐饿，遍寻树皮草根或果食为食"（《纂修云南上帕沿边志》：27）。我们可以想见，基督教传入以前的娃底傈僳族社会情况，烟酒是整个社会习以为常的生活习惯，

---

[1] 《纂修云南上帕沿边志》（笔者所阅读的文本系手抄本，藏福贡县图书馆，抄本中没有明确提示编纂者与出版者。另：云南省图书馆亦藏有此书，笔者往该馆古籍阅览室要求调阅此书时，馆员告知已查找不到。从书中多次提到当时的设治局长保维德的情况来看，应成书于 1929～1932 年），第 19 页。

也是社会交往中不可或缺的"润滑剂"。

之所以如此重视烟酒，与当时娃底傈僳人的社会结构有着直接的关系。① 娃底村所属的上帕沿边地方傈僳族，传统上是一个均质平等、互助抱团，没有明显贫富差距的社会。"惟团结性最坚，各人均持大同主义，乐则同享，苦则同受。一家有粮则任意煮酒，同村共享饮，日夜欢笑，食尽则散，并无怨言。故全属虽尽赤贫，而无乞丐依门求食。"遇有急难则"远近亲族及同村邻众，均竭立（力）相助，然无资财，常以布帛、牲畜、铁器、瓦瓶尽力赞助，必其事结，果始罢"（《纂修云南上帕沿边志》：18-23）。陶云逵、张征东在 1949 年前的调查也有提及（陶云逵，1948：391；张征东，1986：80-82）。

基督教在 1940 年前后传入娃底村，传教士们所制定的地方性"十诚"② 里（云南省编辑组，1986：21），明确禁止了烟酒和杀牲祭鬼的行为。据村里老传道员迪局的口述史访谈，最初是"做迷信，杀猪、杀牛……，杀不起时知道有个耶稣，才信了教"；"那时候听说有个基督很不错，信了他生活好过，就去找他们来传了"。"杀猪、杀牛……"是为了祭鬼，因为"栗粟相信人死后为灵或'尼'。……栗粟之灵，无神鬼的名称的分别。……人与灵处于对敌的地位，因此认为人的一切灾病危难完全是由于灵作祟，所以人要想免除灾病祸难，必须和灵妥协，使它满意"（陶云逵，1948：393-394）。

20 世纪五六十年代的傈僳族社会历史调查，也有很多类似的调查记录（《民族问题五种丛书》云南省编辑委员会，1981：70-76、102-103、115-116）："人害病就说是撞了鬼，不吃药（更主要的是无药吃），必须杀牲祭鬼送鬼，病才会好。鬼有四十多种，常祭的有七种。病轻的……，病重的说撞了结林泥（路鬼），就得请泥扒主持，并请全村人来助威，大跳大吃一日，主人看来人多少来决定杀牛猪多少，至少要杀牛一条。"（《民族问题五种丛书》云南省编辑委员会，1981：20）虽然，"成年人特别是

---

① 如布朗（A. R. Racliffe Brown）所认为的，社会结构包括人与人所组成的各种群体及人在这一群体中的位置；这一人与人之间的社会关系是由"制度"支配的，而"制度"则是指某些原则、社会公认的规范体系或关于社会生活的行为模式（拉德克利夫-布朗，2002：139-148）。

② 这地方性的十条教规分别是：（1）不饮酒；（2）不吸烟；（3）不赌钱；（4）不杀人；（5）不买卖婚姻；（6）不骗人；（7）不偷人；（8）不信鬼；（9）讲究清洁卫生；（10）实行一夫一妻制。

老者，一般地均会祭鬼，但他们却不都会祭所有一切的鬼，这些人不称为巫师。巫师有两种：（1）尼扒；……是巫术最高明的人；（2）必扒……"（《民族问题五种丛书》云南省编辑委员会，1981：74-75）一个村落中因杀牲祭鬼而使"耕牛之宰杀数占本村原有耕牛数之三分之一，这直接给生产带来很大的影响。……乃至为祭鬼而倾家荡产者亦不乏其人"。（《民族问题五种丛书》云南省编辑委员会，1981：73）因而，怒江傈僳人信教的原因："一方面'生病祷告一下就好了'，一方面在'信教之前祭鬼耗费很大，生活很苦，信教之后，不用祭鬼，积下钱来可以制家业，日子比较好过'。"（《民族问题五种丛书》云南省编辑组，1986：38）这在怒江地方的相关文献中也多有陈述（《民族问题五种丛书》云南省编辑委员会，1981：19-20、77、102、116、121、132-133、166；《傈僳族简史》编写组，1983：65-68）。因而，将村落中老人的口述史与地方史资料相互印证，我们基本上可以看到基督教传播前后娃底村实际的情境。

1949年以后，在怒江的外国传教士被驱离出境，但1950~1957年怒江峡谷内基督教信徒的数量却不降反升（秦和平，2007：25）。其后，基督教信仰于1962年被禁止。1977年以后，基督教信仰的扩展与包产到户的改革相呼应，有记录的信徒人数从1986年54户337人，到1995年时跃升至88户435人。

当娃底傈僳人放弃了杀牲祭鬼，以祷告/祈祷①这一仪式求取上帝的护佑时，相当程度上也意味着他们与传统的伦理、道德体系的断裂、对立（卢成仁，2012），接受并内化了基督教信仰对于"罪"的论述及建立于其上的认知体系。例如没有经过教会"带信"②而私自以跑嫁方式结婚的人，都要向教会"请罪"，并伴以一系列较为严格的仪式，否则将终止其信徒的权利。③这在相当程度上，意味着在整个村落的宗教生活以及社会

---

① 上文提到的胡梦茵、黄剑波（2015）的研究中已指出，基督新教中的"祷告"一词更偏向一种个人性的话语表达，但在实际的仪式过程中，祷告与祈祷又有着相当的同质性，因而本文在此并不对二者加以特别区分。

② 所谓"带信"，就是教会以一封老傈僳文书写的求婚文书，代男方家庭向女方提婚，并在其中帮助双方进行相关的互动。

③ 这些权利包括：不能领圣餐、生病或家庭有事时教会不会为之祷告、教会内信徒也不会对他（她）说"花花"（"花花"有三种意思：一种是见面互相问好；一种是分别时再会的意思；一种是平安的意思）。

生活中将对方置之其外，是一种非常严厉的惩罚。这种关于"罪"的论述和理解，虽然与基督教伦理体系内"罪"的核心意义有一定的差别，但同样也使得这些平凡的傈僳人在象征层面上成为"罪人"。因而，借用罗宾斯（Robbins，2004）"成为'罪人'"的分析视角，在娃底傈僳人改宗基督教的进程中，其实也存在着一个"成为'罪人'"的过程。不过，娃底傈僳人虽然远离了"鬼""尼扒"，但"鬼""尼扒"却经常以一种出人意料的方式进入他们的日常生活和信仰过程。

三　祷告、灵验与"传统的魅影"

在莫斯看来（莫斯，2013：42），社会生活中没什么领域是不需要祈祷的，过去、现在都是如此；因为祈祷具有唤起性的作用：把重要的、庄严的事情置于某种东西的保护之下。除了这一超越性意义之外，祈祷在日常生活脉络中具有怎样的作用和意义仍然是一个重要的问题，特别是祈祷的地方性意义和作用。

娃底人在教堂之外的祈祷约有四种：一是家户内个人性的晨祷、晚祷和谢饭祷告；二是个人因为某些事由，如出门远行而到村落中有灵力声望的人家中请求平安祷告；三是为某种人生事件而做的祷告会，如小孩出生、取名及结婚等；四是在所属家庭中进行的祷告会，这种祷告会集中呈现了娃底人所思所想、所关心关注的事务，以及社会关系、社会网络的动员和资源的调动。本文主要讨论第四种祷告会。

2009 年 8 月 15 日下午，格都家在大姐的支持下①，举行了一个非常盛大的家庭祷告会。先前在格都家举行的祷告会中，有"先知"② 认为格都家以前被"尼扒"下过咒语，所以他父亲才会生病离世、他们家才

---

① 格都共有五个哥哥一个姐姐，五个哥哥都已经结婚生子，都住在村里；姐姐、姐夫是县城单位的工作人员，经济实力相对较强。格都的爸爸生病去世后，格都因是小儿子，兄弟都已分家，妈妈只有跟他一起过（在福贡傈僳人的传统中，小儿子与父母同住，负有赡养父母的责任）。

② 娃底所属老福贡地区（即原上帕设治局管辖区域）在 1949 年前，是美国神召会传教区域，因此在娃底及周边地区基督教仪式中有一个比较明显的特点，即"先知"的存在与活跃。这些"先知"有男有女，数量上女性要多一些，但在所谓"灵力"和声望上，男性"先知"要高于"女性"先知。

会遭遇困厄。① 是时，格都的妈妈身体也不太好，几个兄弟的身体也感觉有些弱，因此他们家就酝酿做个家庭祷告会，希望能把以前放在他家上的咒语去掉。格都家差不多所有的亲戚都来参加②，加上他们请的本村和福贡县的人，整场祷告会的参与者共有 55 人以上。③ 娃底教会的职事"密枝扒""瓦候扒""仆支扒""密枝妈"也都来了④，格都家还请了教会前任"马扒"夫妇、普海、普力妈、乡长老等。除此之外，还有了山上村子的余得老人⑤，福贡县的四位"先知"⑥。

中午时分，他们家招待大家吃了午饭，稍事休息、闲聊以后，人员差不多到齐；分主客两厢落座，外面来的几位"先知"坐在本村教会"密枝扒"的右边，其他职事及余得老人坐在左边。格都妈妈和格都、格都大姐坐在"密枝扒"左前方，正好形成相对。因为人员相当多，以教会职事和"先知"为中心，格都家的亲属坐在两边，同时火塘间面积不够，人们也分别坐到了左右两边的房间里；门外也坐了一些人。这一家庭祷告会情形如下：

> 格都妈妈对着教会"密枝扒"述说情况、提出希望——"密枝扒"与周围的人互相商量——上帕来的中年人站起领诗五首——格都妈妈和格都大姐先后讲话，亲戚也有插话；话音落后，格都大姐拿出一个纸杯，里面放着奉献款——"密枝扒"讲话——上帕来的中

---

① 格都的一个哥哥患有精神疾病；另一个哥哥曾碰到泥石流，一些家庭财产被冲走，所幸人没有出事。格都自己也曾得了严重的伤寒，生命垂危，后来祷告得愈。

② 除了格都五个哥哥和姐姐及其家庭成员外，格都父亲嫁在县城的大妹妹夫妇、嫁在娃底的小妹妹夫妇及其儿子和女儿；格都父亲在本村的四位堂兄弟夫妇及其中三位的子女、儿媳（这四位堂兄弟中，有一位已经去世，但他的媳妇仍然前来参加）；格都父亲的两位堂妹夫妇（一位嫁在本村、一位嫁在县城），也都来了。在这个祷告会中也有两位既是邻居，又沾点亲的人：普项、普多。普项的亲家是格都父亲的小妹妹夫妇；普多的女儿嫁给格都父亲小妹妹夫妇哥哥的儿子；他们都住在格都家边上，也都来参加这个祷告会。

③ 祷告会进行期间，不断有人出入。55 人是祷告会开始时，我所统计的数字，实际参加人数应高于这个数字。

④ 娃底教会职事共 6 位，由"密枝扒"负总责，"马扒""仆舍扒""仆支扒""瓦候扒""密枝妈"5 位职事，分司《圣经》与神学解释、管钱、管账、礼拜、妇女事工等事务。

⑤ 村里人说余得老人也是"先知"，但在这次祷告会中，余得老人没有独祷。

⑥ 这四位"先知"，一位是中年人，三位是老年人。

年人再站起领诗两首——格都家的亲戚也往纸杯里放奉献款——"密枝扒"与周围人互相商议——全体默坐，群声各自祷告（约2分钟），后"密枝扒"一人独祷（约3分钟），后上帕来的一位老人独祷（有四五分钟），后上帕来的中年领诗人独祷（约3分钟），后上帕来的另一位老人独祷（约5分钟），祷告结束——大家坐着说话、慰勉，亲戚中的此富妈说起她丈夫去世的原因：以前祷告时"先知"说，此富爸是在栽电线杆时，把一块界石打碎填进电线杆里；这块界石是以前"尼扒"下过咒语的，所以此富爸中了咒语去世——"密枝扒"与身边的商议——"仆支扒"站起领诗一首——祷告会结束。

格都家（主要是格都哥哥、姐姐及其家庭成员），从右至左依次与来人握手致谢（只与外来人员，并不与亲戚握手）。

格都家的这次祷告会非常隆重，希望以此解除以前留在他家的"咒语"。因而，才兴师动众地请众多亲戚和本区域有名的几位"先知"前来。祷告并不仅是格都家信奉的行为，也是娃底傈僳人共同的体验和认知。与平常年份相比，2006年娃底去世的人有些多，这引起了娃底人的恐慌；他们认为从外村嫁进来的一个女性是"尼玛"（即女巫师），是她作法害人的。关于这个"尼玛"的传言非常多："那个女人眼睛有些不好，如果你得罪了她，你就会死；她说谁会死，谁就会死，她说了好几个人都死了嘛"；"……有一天晚上蜡烛点起，两个人斗法，两个都变成两只老鹰——他们有法术人的灵魂变成两只老鹰，在天空上飞来飞去斗，那个大哥斗不过她，第二天脚就疼了"。最后，为了解决这件事，举行了一次全村性的祷告会，请有声望、有灵力的"先知"们坐在一起祷告，为村里攘除这次危机。最后，以这位被称为"尼玛"的女性离开村子嫁到外省，危机才算结束。

在娃底村的田野调查中，经常听到人们说，"上帝是镇着鬼的""耶稣能赶鬼"。不过，更重要的是，鬼、尼扒、咒语等以另外一种方式存在于娃底傈僳人意识的底层、存在于村落日常生活各个不起眼但重要的角落。面对这些"传统的魅影"，信仰基督教之后便不可能也无法再以杀牲祭鬼的方式、以"尼扒"中介过程来处理这些困扰着个人及其家庭的问题。因而对娃底村的这些傈僳族信徒而言，只有透过祷告仪式来解决这些不时出现的"传统的魅影",进而在基督教信仰的体系里,对这些事件进行解释、处理,并重新理解自身所处的位置及生活的世界。

四　成为基督徒：日常生活中的祷告与修行

基督教是一个强调理念和精神性的宗教,因而信徒的神学知识基础及其培植就变得非常重要。但是,在一个相对贫困的山地环境中,并没有太多的资源来对信徒进行专门神学知识培训,因而在这样的背景下,信徒如何按照信仰的要求来行事,如何成为一个基督徒,就变成时时需要注意,也时时在经受考验的事。

2010年8月20日晚上,得王媳妇因慢性病疼痛加剧,举行了一个家庭祷告会,参加者有教会的"密枝扒""仆支扒",以及前任村长老、得妹老人①,还有普扭、得劳、普路、得利老人及一位女"先知"。主人家主要是得王夫妇和他们的三儿子。②　不过,这个因生病而求愈的祷告会却转变或部分转变了方向。

> 20:05我们到时,前任村长老和"仆支扒"已经在了。等到20:55"密枝扒"进来时才开始吃饭。饭前由"密枝扒"祷告。21:11,女主人开始讲话,四五分钟后,由男主人讲,而后女主人接着讲,再由男主人讲,女主人继续接着讲(女主人在简要介绍病情之后,就开始斥责男主人信仰不坚:信了教还在喝酒;多次劝说不听,私底下仍偷偷在喝。在忍不住的情况下,女主人动手打了男主人,也造成了两人感情不好)。男主人一直在申辩和解释(男主人讲话时大多对着"密枝扒"等教会人员)。接着由"密枝扒"讲,而后由前任村长老讲,接着由"女先知"简短地讲了几句("密枝扒"等

---

① 得妹老人是娃底教堂打锣人,村内每周五次的例行礼拜(周三和周六的晚礼拜加周日早中晚三次礼拜)都是由他在村内打锣通知大家:教堂礼拜时间到了。同时,在这次祷告会中,已经来了的"马扒",接了个电话有事出去了,没有再进来;因而,本次祷告会就没有将"马扒"计算在内。

② 得王是招赘上门的女婿,和妻子共养育了3个儿子;他们家在村里亲戚并不多,虽然得王媳妇有一个同父异母的姐姐,但关系并不好。所以,他们家的祷告会来参加的亲戚较少。

教会人员及"女先知"主要从个人、婚姻家庭、孩子及信仰上劝导男主人要禁烟酒，不要违反基督徒的戒律）。

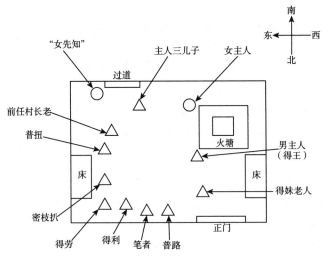

图1　得王家祷告会情形图

　　21:55时，"密枝扒"站起领祷，全体默坐（主人家依次从女主人起从右向左与来人握手）。教会"仆支扒"领诗三首后，女主人拿出50元奉献款放在中间。在"密枝扒"提议下，由前任村长老站起领祷，其间由"女先知"祷告，"女先知"停时，前任村长老继续领祷；"女先知"再接着祷告，停后由前任村长老继续，如此共三次（"女先知"与前任村长老祷告时，男女主人都有答话声，特别是"女先知"说话时，答话声更大；话音中也更虔诚和紧张。女"先知"主要是劝诫男主人信仰坚定，不要违反戒律。男主人也回应说，不再喝酒，好好信教）。祷告结束，主人家依次从左向右与来人握手。随后，来人们离开得王家。结束时间是22:36。

　　祷告会在大家唱诗、祷告时，特别是"女先知"发出声音时，那种严肃、安静、神秘的氛围，使人们在家庭场域里感受到了神圣性的存在。本来为疾病求愈而进行的祷告会，最后转变成了主要是对男主人信仰的劝谕，对成为一个基督徒的再次确认。

　　在这次祷告会中，烟酒的行为被象征化为不洁的行为，是对基督教信仰的背离，而祷告仪式又使个人犯下的罪、错有被赦免的机会，在精神和象征层面获得了一种洁净，从而重新成为一个被村落社会所认可的基督徒。但是，日常生活并不如此简单和化约，在娃底人的生活中，基督徒的考验随处可见，例如朋友欢聚时的烟酒、日常饮食的特别要求以及婚姻（私奔跑婚）等。因而，对于一个娃底的信徒来说，祷告作为一个修行过程，更多是在学习并规诫自己成为一个基督徒。

2010年9月20日上午，在此社老人家里，为他出嫁的大女儿去广东东莞打工，举行了一个简单的家庭祷告会，参加者有此社夫妇、分家的大儿子夫妇、出嫁的三女儿。以下是这场祷告会的田野记录：

> 和妹早早来到爸爸家，家里人吃过早饭之后，就坐在隔壁房子的客厅中为和妹祷告。先由此社领诗三首（气氛比较轻松，在唱诗间隔，对于唱音不准的地方，此社还会提出来讲解；和妹也会插话；大家说说笑笑，整个氛围轻松愉快），接着此社开始教导和妹，大意是（其间此社妻子也说了一些，但不多）：赚着钱不要乱花，要寄回来；这边的挂礼①父母会帮你们挂，你不去挂，别人也不会来挂；在外面打工，星期天要去做礼拜；星期天不要乱吃东西，猪啊，鸡啊……星期天杀的不要买、不要吃；真要吃的话，就星期六杀好放着（和妹插话说要去的东莞长安镇没有教堂，没地方去礼拜。此社回说，长安傈僳人多，可以自己组织礼拜，不行就在自己租房里唱诗、读经。此社说话的过程中和妹会直接插话，她性格如此，同时也因为是在家里，大家也不以为意，反而轻松愉快）。其后，全体默坐，唱短诗一首，此社站起领祷，约三分钟后，祷告结束。
>
> 和妹站起从领祷人此社开始依次握手（因为和妹已出嫁，弟弟也已分家，家庭内的祷告会在结束时也仍然需要握手）。

娃底傈僳人了解当下的自己以及俗世生活中的个人，并不能完全达到基督教信仰的规范和要求，成为基督徒是一个没有终点的过程，需要不断地提示、修正，而祷告就是一种随时随地的提示和修正，一种在成为基督

---

① 在有婚丧嫁娶时，娃底全村人家都要到主家挂礼，非亲属的礼金5~50元不等。

徒过程中的修行。在资源相对贫乏的怒江山地环境中，基督教神学知识训练和普及只能在部分人群中进行，祷告是大多数信徒在学习如何成为一个基督徒时最重要的修行过程。不过，作为娃底村信徒最重要修行过程的祷告，在其发散于村落社会时也形成了一个非预期的结果。

五　祷告的非预期结果：村落社会结合

正如上文所说，祷告在娃底人成为基督徒的过程中具有社会学习的作用和性质，但家庭领域内举行的诸多祷告会，并不只是个人学习成为基督徒。所有家庭成员都会参加的家庭祷告仪式，其规训性力量不言而喻。因此，对于家庭及村落社会继替而言，祷告仪式过程事实上也是信仰的传承过程。祷告仪式过程对于娃底人来说，不仅仅是一种单纯的超越性体验，还涉及资源的调动、社会网络的再组织。

事实上，在家庭中组织一个相对正式的祷告会并不容易，就以上观察的家庭祷告会而言，基本上每家都会为来人准备主食、副食及饮料。笔者在娃底参加过约 52 场家庭祷告会，除了 2 户人家因实在困难只提供了瓜子之外，其他人家只是在副食上有一些差别，但在饮料和主食①上基本都没有差别：提供了可乐、雪碧或茶水，以及一碗猪肉（或加肉汤）和不限量的米饭。且让我们以 2010 年时的物价做个简单的计算：一包茶叶最低约需 5 元，一个大瓶可乐需要 8 元（大瓶雪碧亦同价）；猪肉 8～10 元一斤，一次祷告会，多的需要七八斤，少的也要 5 斤②；外加花生和瓜子等；一次祷告会保守估计需要花费百元左右。娃底人主要从事农业种植业，生活并不富裕，现金收入并不多。一次百元的消费，对于一般家庭而言，虽然能承受得起，却也并不轻松。

不过，更重要的是参加祷告会的人。以上述得王家的祷告会为例，除了教会职事之外，得扭、得妹老人、得劳、普路，都可以算是得王家的邻居，住在得王家附近。其中普扭和得王家是远亲（普扭妻子的爷爷与得王媳妇的妈妈是兄妹）。普扭、普路与得王家有互相帮工、换工的关系。

---

① 娃底村一天只有早晚两餐，早餐在上午 9：00～10：30，晚餐在下午 5：00～7：00。以笔者在娃底村的寄食情况而言，一周如果有三次以上带肉的菜，约可算作是中等人家。

② 娃底傈僳人有好客的传统，在招待客人时，瓜子糖果、饮料等一定要量足有余，不然会显得不够诚意和热情。祷告会时的伙食亦如此。

得妹老人是教堂打锣人，在村里有较高的声望，村里人也说得妹老人是"先知"。① 得劳是近几年在村里被认为祷告"很得"的人。得利老人信教虔诚，为人忠厚实在，也是教会中有声望的老人。显然，得妹老人、得劳、得利老人、女"先知"是主人家特意邀请的。在祷告过程中，除了灵验、超验性的体验外，参与祷告的人们一起面对此家的问题，共同为此家的问题而祷告，使人们在心理上获得安慰之外，也有群体共同来面对问题的暗示与明示。不过，换个角度看，得王家的祷告会，其实是以个人和家庭为中心来形成人群的连带和结合。如果说得王家的祷告会仅是个村落层次的人群结合，那么前述格都家的祷告会则是跨村落的社会结合。参加祷告会的人员扩大到了家庭群体以外：远亲、邻居、友朋、祷告很"得"的人、"先知"等。

娃底人所举行的这些家庭祷告会，事实上是一个以个人、家庭为中心的人群结合过程：祷告仪式以个人和家庭为中心来找人、请人、邀人来参加，而这请、找、邀的对象涉及亲属与非亲属人群、村落、跨村落及区域层次。透过整个祷告仪式的过程，个人、家庭的社会关系网络得以再生产，同时也以个人、家庭为中心形成了紧密的社会连带与结合。这是祷告仪式向社会层面延伸时一个非预期的结果，而这一非预期的结果，可能是祷告仪式在娃底频繁且大规模举行的主要原因之一。

结 语

成为"罪人"与成为基督徒，是娃底傈僳人在信仰基督教后面临的一种相互转化的情境。但以"尼扒"、咒语等为象征的"传统的魅影"并没有从娃底人的日常生活中完全消失。因而，对于娃底信徒而言，只有透过祷告仪式来解决这些不时出现的"传统的魅影"，进而在"传统的魅影"里处理如何成为一个基督徒的问题。在祷告仪式中，日常生活中一些与基督教伦理规范相违背的行为被象征为一种不洁，从而仪式化地获得清净和赦免的机会，成为一个被村落社会所认可的基督徒。事实上，娃底人也了解在当下的俗世生活中，成为基督徒是一个没有终点的过程，需要

---

① 但笔者与得妹老人一起参加的家庭祷告会中，并没有听到得妹老人的独祷。不过，得妹老人在村落中被尊重和被承认则是事实。

不断地提示、修正，而祷告就是一种即时的提示和修正，一种在成为基督徒的过程中的修行。当祷告这一修行行为发散于社会时，也带来了一个非预期的结果，即以个人、家庭为中心形成的社会连带与结合。莫斯并没有明确提出祈祷具有"整体的社会事实"（phénomène sociaux total）的性质，但以娃底傈僳人的案例来看，祈祷在个人的超越性意义、社会行为、社会结合层面所持有的作用和影响，事实上具有"整体的社会事实"的价值和性质。

参考文献

中文

陈进国主编《宗教人类学》（第七辑），社会科学文献出版社，2016。

陈企瑞：《职场中的祈祷》，《天风》2015 年第 7 期。

崔光成等：《祈祷行为对个体社会适应性作用的心理学阐释》，《齐齐哈尔医学院学报》2013 年第 7 期。

范清心：《祈祷真理的探索》，《天风》2006 年第 10 期。

郭静云：《甲骨文"下上若"祈祷占辞与天地相交观念》，《周易研究》2007 年第 1 期。

韩慧娟、刘昌：《宗教体验及其神经基础的研究》，《宗教学研究》2008 年第 2 期。

胡梦茵、黄剑波：《作为过程的祈祷及其多种状态的变换——基督教主日崇拜的一种理解》，陈进国主编《宗教人类学》（第六辑），社会科学文献出版社，2015。

廖思梅：《诗化的祈祷——探索十七世纪英语宗教诗歌中的"祈祷"》，中山大学硕士学位论文，2009。

李玉双：《我们该怎样祈祷》，《中国天主教》2016 年第 2 期。

《傈僳族简史》编写组：《傈僳族简史》，云南人民出版社，1983。

卢成仁：《基督教信仰中的社会性别构建——以怒江娃底傈僳人为例》，《西南民族大学学报》（人文社会科学版）2012 年第 5 期。

〔法〕马塞尔·莫斯：《论祈祷》，蒙养山人译，北京大学出版社，2013。

〔法〕马塞尔·莫斯：《礼物：古式社会中交换的形式与理由》，汲喆译，上海人民出版社，2005。

穆卫宾：《伊斯兰教的祈祷及其现实意义》，《中国穆斯林》2010 年第 3 期。

秦和平：《关于 20 世纪 50 年代云南怒江基督教活动的认识》，李晓斌主编《西南边疆民族研究》（第 5 辑），云南大学出版社，2007。

仁泽：《小议伊斯兰教的"都阿"——兼谈穆斯林的心理特征》，《中国穆斯林》

2003 年第 5 期。

陶云逵：《碧罗雪山之栗粟族》，《中研院历史语言研究所集刊》，1948 年第 17 本。

王毓红：《祈祷：一种独特的对话性叙述——奥古斯丁〈忏悔录〉的修辞叙事学分析》，《广东外语外贸大学学报》2015 年第 3 期。

西南民族学院图书馆编：《云南傈僳族及福贡贡山社会调查报告》，1986（前言提及《云南傈僳族报告》，署名者为张征东，但作者生平并未得到确证。另据西南民族大学秦和平教授的说明，《贡山社会调查报告》、《福贡社会调查报告》上并没有署名。因此书为合订本，笔者在使用时，视张征东为主要作者）。

徐新：《论犹太教崇拜手段——祈祷》，《学海》2010 年第 2 期。

云南省编辑组：《中央访问团第二分团云南民族情况汇集（上）》，云南民族出版社，1986。

《民族问题五种丛书》云南省编辑委员会：《傈僳族社会历史调查》，云南人民出版社，1981。

张清江：《向先圣祈祷——比较宗教学视域下的朱熹"祝告先圣"》，《中山大学学报》（社会科学版）2016 年第 2 期。

宗主教：《东方隐修号召人祈祷、苦修、交谈》，《中国天主教》2006 年第 1 期。

英文

Newberg，Andrew

2001. *Why God Won't Go Away*：*Brain Science and the Biology of Belief*，New York：NY Ballantine Books.

Leuba，James H.

2011. *A Psychological Study of Religion*：*Its Origin*，*Function*，*and Future*，Kessinger Publishing.

Robbins，Joel

2004. *Becoming Sinners*：*Christianity and Moral Torment in a Papua New Guinea Society*，Berkeley：University of California Press.

个体化的表达与公共性的建构[*]

——当代青年超常信仰的日常实践

邢婷婷

摘　要　超常信仰为什么在现代社会中存在？它在个人日常生活中究竟扮演了一种怎样的角色？社会的多元化致使权威经验在现实生活中部分失效，无法缓解和解决社会变迁所引发的个体焦虑，导致了超常信仰在青年人当中的流行。这种信仰形式一方面与个体的日常生活密切相关，具有显著的私人性和个体化特点，另一方面在公共的意义坐标体系中为个体的境遇寻找意义支持和文化解释。

关键词　超常信仰　个体性焦虑　经验失效

一　问题的提出

人类的精神信仰在现代社会变迁之后，究竟是走向个体化，还是公共性？这是讨论宗教与现代性的关系的核心议题之一。

一般认为，退出公共生活，仅成为私人生活的组成部分，个体通过自身对生活世界的理解，运用符号资源确立适用于个体的有效信仰，这是宗教在现代社会转型的必然趋势之一。有人质疑，认为去制度化、走向个体性的信仰方式是为基督教欧洲社会度身定做的，对于中国社会而言，解释宗教在现代社会的转型形式，还需另择路径。也有人认为，传统的中国社会弥漫性宗教附着在帝制、家族、家庭等社会制度之上来参

---

* 本文系国家社科基金一般项目"命理信仰现状与当代中国人精神生活表达方式研究"（项目编号：20BZJ047）的阶段性成果。

与公共生活并发挥社会整合的功能，既然如此，弥漫性宗教也会存在现代社会的命运问题。简而言之，在前现代社会，不论具体的社会形态、宗教表现形式如何，宗教信仰都参与了社会认同的建构；进入现代之后，宗教面临一种共同的境遇——在社会认同的话语建构中不再重要，表现出退出制度性的公共领域、转向个体性的私人领域的趋势。

本文的研究对象是长期以来被看作封建迷信的"超常信仰"。[①] 首先，这些信仰在任何一种社会形态当中都没有获得过正面的认可，它们一直受到主流意识形态和制度性宗教的双重排斥，从来没有成为一种制度性的存在，也没有附着在任何制度之上而得到肯定；它们鲜有大规模参与公共生活的经历，一直是一种私人化的存在，且具有较强的隐蔽性、隐秘性。其次，这样一种信仰形式一直被斥为"旁门左道"，常被看作"愚昧""无知"的底层的、缺乏知识人群的信仰选择。一般认为随着科学技术的发展、全民教育水平的提高，这些活动和行为应该日益减少直至最终消亡。但现实并非如此，面相、风水、八字这些传统的占卜活动，在日常生活中不但没有绝迹，反而生意兴隆；十二星座、塔罗等源于西方文化的占卜术在近 20 年来也悄然流行。

之所以选择青年人作为研究对象，是因为按照"常理"进行推断，从小接受正统教育并且具备相当科学素养的青年人群体并不会走向甚至应该排斥上述这些活动。原因主要基于以下考虑：一方面，当代青年从读书开始接受的就是科学的、无神论的教育，这些不能用科学知识解释的行为理应在青年人当中难以找到立锥之地；另一方面，如果将他们作为知识分子来看，中国传统的知识分子在接触信仰的时候更偏重于哲学层面的诠释，而偏向于"怪力乱神"的往往是没怎么读过书的普通老百姓。所以，观察当代青年人的占卜行为，了解其行为背后的动机，并且从他们的角度出发进行意义解释，就显得很有意义。

本文观察"现代的"青年人缘何会选择"迷信"的占卜之术，探寻

---

① 夏昌奇和王存同关于"超常信仰"（2011）的讨论对现有文献有较为系统的梳理，他们采用狭义的"经典的超常信仰"，即英文所对应的 classic paranormal beliefs。与此相关的概念是"新时代"（New Age），但这并不是一个学术概念，更多的是指 20 世纪中叶兴起于西方世界的社会运动，总的来讲是一个宗教实践与生活方式革新的大杂烩。关于这一运动在精神生活方面的表现以及"新时代"何新之有，可参看潘天舒（2016）的讨论。

这种长期以来被主流话语视为"旁门左道"的信仰形式在当代青年群体流行的原因。并以此作为切入点，进一步讨论超常信仰在当代个体日常生活中扮演的角色，以及个体的信仰与公共性之间的关系。

在这里还需要做一点澄清，本文所涉及超常信仰形式——占星术、塔罗、八字——自身并非迷信，而是用一套结构完整的知识体系对事物进行解释。为了行文方便，暂且使用了"算命"这种表述方式。至于理解占卜术与算命的关系、为什么在人们眼里这就是算命，则不是本文所要重点讨论的问题。

二 概念界定与文献回顾

（一）超常信仰概念的界定

何谓"超常信仰"？虽然没有形成较为固定的概念，但学者们普遍接受的观点是：将超常信仰界定为超出主流科学解释范围的、又不属于任何一种宗教体系的信仰现象（Tobacyk & Gary, 1983; Spark, 2001），它包括灵媒、灵修、占星术、不明飞行物（UFO）、超自然现象（supernatural）等。①夏昌奇和王存同（2011）指出，在中国这些长期被视为"封建迷信"的信仰实践最大的特点是，受到主流意识和官方认可的宗教体系的双重排斥。②

本文对"超常信仰"的界定主要包含三个方面。第一，非宗教范畴。这些非结构化、非制度化的信仰实践关乎人的精神生活，但不是属于社会普遍接受的宗教信仰，而是属于非宗教的范畴。第二，解释性。与社会普遍接受的宗教信仰相比，这一类型的信仰实践的侧重点在于对人们日常生活经验进行解释，而不是告诫人们该如何生活。第三，来源的多元性、表现形式的多样性。在全球化的背景下，这些信仰实践的来源是多元共融的

---

① Emmons 和 Sobal（1981）将超常信仰分为"宗教性超常信仰"（religious paranormal beliefs）和"非宗教性超常信仰"（nonreligious paranormal beliefs），灵魂信仰（life after death）属于前者，而灵媒信仰（psychic power）则属于后者。Rice（2003）则将其分为"宗教性超常信仰"（religious paranormal beliefs）和"经典性超常信仰"（classic paranormal beliefs），关于天堂/地狱的信仰属于前者，而灵修、超感官直觉（ESP）、占星术（astrology）等属于后者。

② 主要表现形式包括算命、看风水、解梦、测字、看星相等。

而非单向度的输出或接纳，不同文化扮演着输出者和接收者的双重角色。我们顺着这样的脉络，对现有文献中超常信仰的主要议题、青年人与超常信仰的关系做一简单的梳理。

（二）与超常信仰相关的要素

超常信仰与宗教是两个关系密切相关的概念。超常信仰研究所讨论的"宗教"主要是指韦伯意义上的世界宗教——有相对稳定的教义体系、信仰仪式、神职人员、宗教传统，并与社会其他部分发生结构性的互动。关于二者之间的关系，主要的观点有三种：第一种观点认为二者之间的关系是互补的，超常信仰为处于社会和经济劣势地位的人提供意义支持和社会关系网络，这些人处于宗教体系无法覆盖的边缘地位，例如少数族裔、穷人、女性等（Greeley，1975；Goode，2000a）；第二种观点认为二者之间的关系是消极的，存在着紧张和竞争，超常信仰承担了主流宗教之外的社会性功能（Goode，2000b）；第三种观点认为二者之间的关系是积极的，它们皆具备超越世俗日常生活的特点，且在很大程度上二者有共享的意义体系，这类观点强调二者的相似性。（Wuthnow，1978）

与超常信仰密切相关的社会性因素主要有两个方面。一是测量社会人口学要素——尤其是年龄与超常信仰的关系，Wuthnow（1978）主张，超常信仰并非铁板一块，通过研究具体的实践行为，他发现在美国青年人不像老年人那么信仰占星术，但青年人对于不明飞行物或超感官直觉的信仰程度则高于老年人。Greeley（1975）则认为青年人比年长者更青睐超常信仰，而 Rice（2003）发现超常信仰与人的年龄阶段之间并未形成稳定的相关性。二是测量宗教背景与超常信仰之间的关系，例如家庭是否有宗教皈依的传统、社区宗教环境、个人宗教参与情况等要素如何影响个体的超常信仰实践。

（三）超常信仰与青年

超常信仰与青年人究竟有什么关系？主要有"文化资源论"（cultural source theory）和"经验中心论"（experience-centered approach）两种理论解释。（McClenon，1990）文化资源论认为，超自然的经验与科学伦理是相背离的，在科学文化熏陶下成长起来的青年一代少有超常信仰的偏好和经验；经验中心论则认为应该以个体的体验为落脚点，替代"文化—心理"的解释路径，它批评文化资源理论忽视了个体的紧张、焦虑、沮丧等消极情绪，超常信仰作为一种经历是宗教信仰的变形而不是它的产物，研究青年人的超常信仰应该关注个体的经验，这与科学主义的教育并无直接的关联性。有研究从超常信仰与人格关系的角度展开讨论，也发现至少在大学，超常信仰并未成为科学与技术的对立面，它们在大学生当中是并行的。（Shouten，1983）

国内目前鲜有文献对青年人的超常信仰状况加以讨论。如果将超常信仰看作精神生活的一种表现，现有文献对于当代青年精神生活的描述主要聚焦在精神信仰匮乏、文化生活庸俗、价值取向功利化、缺乏社会责任感等方面，把任何信仰都看作可有可无的东西，对价值持否定、解构、怀疑的态度。对于当代青年人宗教信仰的研究，认为青年人的宗教观念不清晰，对于宗教有种盲从心态，常表现为热衷于与宗教相关的节日活动、饮食、商品，甚至迷信，而对于宗教教义、宗教典籍、宗教戒律都不甚了解，缺乏虔诚的态度。对于这些现象的原因分析，基本上可以归结为传统社会向现代社会转型过程中出现的断裂、经济发展与社会结构转型形成的失衡、工具理性与价值理性的冲突等。这些研究主要存在两方面的问题：从方法上讲，大多缺乏扎实的实证材料支持；从宗教研究的方法论上讲，中国人的信仰结构不是实体论，而是关系论（李向平、李峰，2015），如果从教义、典籍、戒律、虔诚等维度出发来衡量中国人的信仰，恰恰绕过了问题的要害。

要理解中国人的信仰问题，关注焦点应该放在个体性及与社会关系联系在一起的个体层面的主观体验，而不是从建立在实质论或者功能论基础上的各种分类体系出发。因此，本研究将从实证的角度出发，具体聚焦存在于当前日常生活中的超常信仰实践，通过观察实践过程，来分析青年人在具体的生活场景中接触和选择超常信仰的动机，并进一步讨论这种被视为"旁门左道"的信仰形式在青年人当中流行起来的原因。

田野调查的对象主要分为两类：一类是去算过命的，即在实际中尝试过用占卜的方式解决问题的青年人，这个群体是我们直接的研究对象；另一类是专职或兼职从事占卜活动的人（下文中称为占卜师），他们运用占卜的方法帮助别人解释疑惑或者提供解决问题的方案，我们尝试通过这个群体从另外一个角度观察青年人算命的原因。

本文无意讨论时下日渐盛行的各种超常信仰是否值得相信，也不关注人们对它们褒贬不一的态度，亦不会对占卜之术给予任何正面或负面的评价，因为上述态度均与社会科学研究提倡的价值中立态度相背离。（夏昌奇、王存同，2011）我们只将这类现象作为社会学意义上的"社会事实"来展开分析，着眼点在于超常信仰在青年人当中兴起的原因，以及青年人在超常信仰实践中的行为动机。

三 超常信仰产生的社会性因素

（一）超常信仰需求的产生源于个体性焦虑

在高度现代性（high modernity）的情境下，自我呈现出一种"存在性焦虑"（安东尼·吉登斯，1998）。通过田野观察我们发现，源于生活中的不确定性和无助感造成了当下青年人的个体焦虑，而这正是诱发超常信仰实践产生的直接原因。超常信仰的持有者最初动机各异，最大的共性是他们求助于占卜术的直接动机都与日常生活息息相关，大致可以分为以下两种情况。

第一种动机可以问题化，关键词是"怎么办"。例如"我会得到/失去吗？""我该怎么选择？""我这样做，对吗？"等。随着社会的发展，我们在日常生活中面临的选择越来越多，利弊得失衡量不清楚、个体的感受和外界的期待发生冲突，常常会给青年人带来困惑。这一类问题以"问事"为目的，常常通过塔罗①或者梅花易数②来解决，预测某一具体事件的结果。

第二种动机尚且无法问题化，关键词是"怎么回事"。例如"为什么

---

① 塔罗，从 22 张牌中抽取 5 张进行解析和预测的占卜术，以符号的形式构成具有象征意义的画面，从而表现每张塔罗牌所蕴含的基本意义。一般认为，塔罗牌的意义并不来自牌面，而是存在于塔罗原有的结构与法则之中。塔罗中包含了占星学、炼金术、卡巴拉、灵数学、符号象征等多种西方神秘学科的意义与原理。关于它的起源，一直是众说纷纭，古代埃及、流浪的吉普赛人、摩洛哥都被认为是塔罗的发源地。

② 梅花易数是起源于我国古代的占卜法，最早始于宋代易学家邵雍写的《梅花易数》一书，它主要是通过产生声音、方位、时间、动静、地理、天时、人物、颜色、动植物等自然界或人类社会中的一切感知的事物异相，对事物的发展趋势做出预测的方法。

会是这样？""我就这个命吗？""这事为什么给我摊上了？""这种情形我该怎么理解？"等。长期状态不佳，又苦于找不到出路；面对新的情况，缺乏应对经验，被压抑、无助的情绪困扰，就像身处一团迷雾中找不到出口。这一类问题所占的比例远高于前一类。占星术①、八字排盘②在这里用得比较多，主要用来"看运"，即对一个人运势、格局进行整体性的把握，来分析个性特征和命运走势。

案例 1

小娟③有两次星盘占卜的经历，第一次是在硕士毕业找工作的时候，第二次是在单位福利性集资建房的时候。硕士毕业找工作，她一直在回老家和留上海之间举棋不定，不管留下还是回去，都各有利弊。她多方征询意见，老师、父母、朋友、同学、实习期的领导和同事，每个人的建议都有道理，但他们又各自都有自己的立场，所谓的"设身处地为她考虑"，其实都是在贯彻自己的意志。之所以找塔罗占卜，她的问题就是想找一个外力问一问"我该去哪里"。第二次想到超常信仰，是回到家乡工作一年之后，遇到了单位福利性集资建房，男朋友和她在一个系统工作，比她资历略长，但是两人在福利性集资建房的抽签中双双落榜。她觉得心烦，又不知道如何面对，想起第一次塔罗占卜的经历，她便有了再算一次的想法，不过这次她换成了星盘占卜，她就是想看看，这件事情除了常规的解释之外，还有没有什么其他的说法。

案例 2

小冉是一个优秀而美丽的女孩，工作和生活都被她打理得井井有

① 占星术，也称星相学、星盘占卜术，是用天体的相对位置和相对运动（尤其是太阳系内的行星的位置）来解释或预言人的命运和行为的系统。占星术认为，天体尤其是行星和星座，都以某种因果性或非偶然性的方式预示人间万物的变化。它试图利用人的出生地、出生时间和天体的位置来解释人的性格和命运。西方占星学源于原始的美索不达米亚，当前流行的现代占星术诞生于大约 400 年前，标志性事件是约翰尼斯·开普勒发现了行星运行的法则，他也因此而成为现代占星学的奠基人。

② 八字，又叫生辰八字、四柱八字，是一个人出生时的干支历日期。八字排盘，就是一种根据干支历、阴阳五行、神煞等理论推测人的事业、婚姻、财运、学业、健康等事项的中国传统命理学。

③ 基于研究伦理的要求，本文涉及人名均为化名。

条，就是遇不到如意郎君，30岁出头了还是一个人，成了大众眼中标准的"剩女"。小舟告诉我们，自己有过两次占卜的经历，一次是在北京做了塔罗占卜，一次是在上海算了八字。她说："我不是没男人就没法过日子。我就是想知道，难道我就这个命？我各方面都不差呀，为什么就遇不到那个人？这个问题到底能不能解决？是不是我真的上辈子干什么坏事了、遭了报应？"

不确定性和无助感造成了个体的焦虑。一方面，由于人们对未知的、不可预测的东西无法把握，这样便会产生一种不确定性；另一方面，在现实生活中，又缺乏可以预见的途径或者其他可行的方法来解决这些不确定性。人们对于自己的困境或者困难无法用既定的认识予以解释，在既有的观念中找不到可资参考的途径，或者依据原有经验给出的意见或者方法对于问题的解决缺乏有效性，进而产生了一种无助感。那么，如何去面对这样的不确定性和无助感？有青年人选择了超常信仰，他们的态度未必是简单的可信/不可信，准/不准这样二元对立，除此之外他们还希望找到另外一种看待问题的角度，能够缓解当下的焦虑，为眼前的麻烦或困境寻找一种意义支持或者文化的解释。

那么，这样的不确定性和无助感何以产生？这是因为既有的经验部分失效，无法满足他们在现实生活中不断遇到的新情况、新问题。

（二）个体性焦虑源于权威经验部分失效

"虽我之死，有子存焉；子又生孙，孙又生子；子又有子，子又有孙；子子孙孙无穷匮也"，进入现代社会以前，人类在自身繁衍的同时，价值观念和行动方式也在不断遵循前人的基础上继承。传统之所以有效，从来不是因为它来自过去，而是因为人们可以从其中获取建构当下合法性的资源，来自传统的资源在前现代社会是不断延续的。进入现代社会以后，这种延续性出现了断裂。

在中国，这种断裂的过程出现了两次，一次是金耀基所称的"命定的现代化"，一次是改革开放后国家从个人生活中的大规模退出，并且这两次变化事实上是一个连续的过程，它对人们日常生活造成的重要影响之一，便是权威经验失效，即年轻一代很难再将前辈和权威的观念、认识、行为方式作为自身抉择时的参考和准则。他们对于权威经验的态度不再是顺从，也不是简单的叛逆，而是一定程度上的反思。因为他们发现，权威经验对现实生活的解释能力和参考价值日趋下降。

前文提到的小娟，在单位的福利性集资建房中始终没有得到期待的结果。她发现抽中的概率无章可循，无法解释自己为什么没有抽中。来自家里长辈的声音，不但没有缓解小娟的焦虑和失望，反而使得这种情绪加重了。家里人（尤其是小娟的父亲）一方面自责自己没有能力帮小娟找关系，一方面埋怨小娟平时没有积极打通人脉、关键时刻没人帮忙。在这种情况下，小娟似乎想要一个"关系"和"运气"之外的说法，而这些在父母及长辈们的既有经验中都找不到答案，在焦虑和失望的情绪笼罩下，小娟又一次想到了占卜之术。不过这次她并没有算塔罗，因为她关注的重点在于为什么自己这么"背"，所以她选择了星盘占卜。占星师根据她所提供的信息排布了星盘，告诉她"田宅宫未动，现在急也急不来，你能不能抽中跟别人没有多大关系"，并说星盘显示最近几年是她事业的上升期，要积极把握，不要总是揪住房子耿耿于怀，而浪费了事业上的有利运势。小娟释怀了，占星师给了她另外一个视角，就像建立了一个与既有经验不同的、理解问题的新的坐标系。

上文提到的小冉，已经被打上了"优质剩女"的标签，用她自己的话说，"再怎么优质，也是剩女了啊！这就是社会性的评价，其实自己是蛮无能为力的"。小冉家境不错，父母的工作都体面稳定、受人敬重。他们为小冉提供了良好的成长和教育环境，也让小冉可以毫无后顾之忧地为自己想要的生活而努力。但是当她面对"嫁不出去"这个问题的时候，父母丧失了一贯的淡定。她说自己找不到合适的人，父亲非但不能理解，反而认为是女儿太矫情。小冉的母亲则认为现在的年轻人想法不靠谱，"什么情啊爱啊，过日子才是关键，只要两个人肯在一起过，没感情也会有感情的"。小冉父母的婚姻介于父母之命和自由恋爱之间，几十年来在人们眼中般配、和美，小冉又是个"争气"的女儿，于是，这个家"简直就是模范家庭了！"在两代人中间，对于这个问题的评价标准发生了重大的变化，而长辈们观念里的"好生活"在小冉这里显然是行不通的，所以她的困境和苦恼也无法从先前的经验中找到可供参考的解决办法。她因为始终无法找到合适的男友而焦虑，这种焦虑无法从父母或其他长辈那里得到理解而缓解，长辈生活经历中的经验反而加剧了小冉情绪的累积。所以，她需要为自己的境遇寻找一个说得通的解释，"我是不是就这个命？"这是她直接向八字占卜提出的问题。在占卜的过程中，她得知自己走十年"伤官运"，这恰是一个不利于建立亲密关系的运势，占卜师告诉她"聪明莫过伤官，智商高啊！但是男人喜欢女人的标准，往往和智商高没关系。不过，伤官也意味着产出，好好努力，事业上会回报你"。听到这个答案，小冉并不满意，但她觉得是有说服力的，总比家人逼着她降低标准、生拉硬套更容易让她接受。"虽然不满意，但是轻松了很多"，这是小冉八字占卜后的感受。

近30年的中国经历了飞速的发展，也经历了断裂式的变化，整个社会机会增多、流动性增加、留给个人的空间日益增大、个体对于生活方式选择的自主性日益增强。阎云翔认为，这种变迁使得个人只追求自身愿望的实现和利益的最大化，原有的行为准则和道德秩序很大程度上不再对个体具有约束力。通过超常信仰的田野调查，我们发现阎云翔的表述只是硬币的一面；另外一面，对个体而言，权威经验在当今时代逐渐处于失焦的状态。它对当下的生活解释乏力，给个体提供参考价值和解决方案的作用日趋减弱。在这种情况下，个体在行为上表现为追求自身愿望的实现和利益的最大化，但是在精神上却会处于一种无助、缺乏依靠的状态，进而产生了个体性焦虑。超常信仰在都市年轻人中的兴起，成为缓解个体性焦虑的一种途径。

那么，权威经验为什么会在一些方面失效？这与现代性推进的多元化的社会变迁有着千丝万缕的联系。

（三）多元化是权威性经验失效的结构性成因

现代社会的分化造成了多元化的局面，如何理解日常生活中的"多元"？它既包括选择内容的多样性，也包括评价标准的多元化。

学者们在讨论宗教与现代性的关系时认为，现代性的第一要义便是"分化"（differentiation），这种分化既是社会结构层面的，也是意识形态层面的。（Tschannen，1991；Casanova，1994；Gorski，2000）随着资本的发展，市场逐渐产生和形成，进而随着社会分工的不断推进，社会不断细分成一个个并行的领域，它们之间相互交叉又相对独立；市场所建立起的一般化和去人格化的原则，不再需要宗教为社会的互动提供道德支持。两个新的标志性的划分因素——国家（state）与市场（market）——逐渐形成，逐渐成为确立新的结构与功能体系的标准。（Gorski，2000）世俗化理论的一系列论述便是在这个架构之下建立起来的，卢克曼认为现代社会宗教的神圣帷幕落下、退出社会的公共舞台，成为一种个人的精神存在并参与人类社会当中（Luckmann，1967）。

本文着重顺着"分化"的思路对个体性焦虑形成的社会因素进行分析，以期对超常信仰在当前社会中悄然盛行有更加深入的解读。

当国家与市场成为确立社会结构、塑造话语体系的两大要素之后，这种分化在中国社会中的表现之一是多元化——它体现在两个方面：一方面，随着经济的不断发展，社会中不断出现新的职业和部门，不同阶层、不同地域之间的流动成为可能，简而言之，社会提供给个体选择的机会增多、个体发展的空间增大；另一方面，人们的价值标准和道德观念都发生了巨大的变化，价值评判标准从单一走向多元，道德观念从整齐划一向日渐包容转化。这些变化是中国社会前30年所不能想象的，所以很多问题在过去根本不会出现，或者说根本不成为问题。

在针对世俗化理论体系的反思和批评中，"分化"概念受到的最关键的质疑，即认为分化所针对的社会类型主要是欧洲传统社会，无论是哪个层面的分化，都伴随着世俗力量对基督教的瓦解作用而产生的。因而，"分化"的概念并不能解释欧洲以外的社会类型。事实上，现代社会的分化是一个不断深入和演进的过程，中国社会的分化是与社会转型密切相关的。尽管宗教从来没有在中国人的社会生活中居于垄断性的地位，但中国人的社会生活、观念体系、道德评价标准，仍然经历着从单一到多元的过程。

正如卢克曼所言，分化是一种现代性的后果，致使个人在社会中的位置发生变化。（Luckmann，1967）社会由于分化而变得复杂，与传统社会的秩序相比，现代社会的结构和制度虽然在功能上合理的机制安排对人们施加了大量的行为控制，但不能深入影响个人的意识和个性的发展，个人的认同成为一种私人的现象，个人需要通过宗教为他们的职业或生活境遇赋予终极意义。按照杨庆堃的说法，在中国，这种"终极意义"是由弥散在亲属体系、家庭、经济团体、社区、国家中的具有超自然属性（supernatural element）的弥散性宗教提供的，它形塑了中国人信仰的法则，从而建构了有关中国社会的意义体系。（C. K. Yang，1961）那么，分化是一个不断推进多元化的过程，原有的意义体系所提供的解释和支持越来越乏力，个体的迷失从一定程度上来讲在所难免，超常信仰的出现可以看作个体在寻找意义支持的一种尝试。

四　超常信仰在当代青年精神生活中的角色逻辑

（一）私人性：精神需求的个体化表达

宗教在现代社会转型的路径之一，便是由公共性转向私人性，它不再覆盖人们生活的公共领域，而是人们依据自身精神信仰的需要，运用符号资源确立适合于个人的信仰体系。私人性是宗教信仰在现代社会最重要的特征。

在针对世界范围内超常信仰的诸多研究中，研究者们发现，无论是信仰的形式，还是信仰的内容，都显现出极大的个体性和私人性特征。人们的信仰不再追求整齐划一的仪式，各类以帮助人们体会、感悟和发现他们真正的精神潜质和力量的冥想团体、超验展示活动、灵性或者精神性研讨会以及训练班层出不穷。（潘天舒，2013）而全球化所带来的文化交融，各种文化同时扮演了输出者和吸纳者的双重角色，多元文化相融借鉴，非制度性、非结构性的信仰方式开始成为精神生活的组成部分，为人们应对现代性的挑战提供了丰富的象征资源，这使得人们建构自身信仰方式的途径更加多样。

由于社会结构出现了多元化趋势，生活在当代的人们要面临的困境和抉择远多于他们的前辈，而他们从既有经验中能够获得的有效解释和精神支持也日趋减少。超常信仰本身就具有隐秘性、私人性的特征，求助于超常信仰的不同的人所面对的问题都是个体化的、与个人经验密切相关的，所以，可以说这样一种信仰的形式并不具有公共性。

在求助的问题上，涉及的内容包括感情生活、亲密关系、职业发展、瓶颈突破、亲子关系、迁徙/定居、住房、生育、深造、财产等与日常相关的多个方面，出发点、需求、期望的回应都是各有所异的。

在形式的选择上，以自己的问题和当下的境遇为出发点，选择他们所认可的超常信仰形式。例如，有些人的问题是近期的、需要寻找明确指示的，他们往往会选择以"问事"为主要目的的塔罗占卜；有些人处于一种长期的迷惑中，需要超常信仰提供一种整体性的解释，则往往选择星盘或八字占卜。

在占卜师的回答方式上，我们接触到的占星师、塔罗师都谈到共同的一点：对于不同的咨询者，他们很难给出一个趋于统一的回答，因为每个人的问题不一样、处境不一样、问题的出路也不一样。一位塔罗师说，"即便同样是第三者的问题，有些人我会建议坚持，有些人我会建议放弃，出发点未必是道德，这得看个人具体的情况"。一位占星师在她的微博上写道："我觉得我每天的工作就是告诉别人，这些事，你会有，别着急；那些事，你没有，不可惜。无非是借助了命理这个工具罢了。"另一位占星师则告诉我们："星盘不是占卜，是解释，是让占卜者明白'云在青天水在瓶'的道理，它是用来帮助人们理解自己生活原来是独一无二的，只有明白各安其分，才能减少比较，心情就会平和很多了。"

在现有的针对西方新世代运动的研究中，有学者提出，新世代运动中的信仰与实践，都是强调个人精神追求的要义，它是为人们日常生活的经验提供文化的解释，而不是像传统的宗教那样告诫人们应该如何去生活；在实践方式上，人们应该选择最适合自身情况的精神信仰。（Heelas，1996）这种注重"做法正确"的人生观（orthopraxy）与注重"思想正确"（orthodoxy）的人生观对于理解繁复的宗教实践并且获取宝贵的洞见，具有同等重要的意义。（James L. Watson，2007）这与超常信仰在当前社会中的表现形式有异曲同工之妙，所以在多元化的条件之下，人们日渐聚焦的问题都具有极大的个体化特征，要达成一致的解决途径和解释方式的难度越来越高。从表现形式上来讲，每个人的信仰——或者说精神生活——都表现出了极强的私人性特征。

（二）公共性：私人性表现形式背后寻求的根本意义

尽管我们所观察到的形态各异的超常信仰表现形式是多元而私人性的，但是所谓的"私人性"的特征只存在于表达方式上，或者说，"私人性"只是手段，而最终对于意义的探讨必然向着公共性回归。

首先，人们在关注"我为什么会是这样？""这究竟是正常还是不正常"此类问题的时候，就已经将自己嵌入公共性的语境当中——我是这样的，而别人不是这样，这就呈现出"我"与"别人"的对照，而对于自身处境和行为的理解，需要通过将他人作为参照才能赋予其意义。当人们问题域中探讨"正常""规则""原则"等概念的时候，事实上就是在对规范的建构进行思考。"正常"是被建构的，什么是正常的、什么是不正常的、区分的界限在哪里，这些标准必须是认可性和接受性的。当人们在超常信仰中询问"我的处境/行为究竟正常还是不正常"，就是在一个得到了认可并长期照此执行的坐标体系当中寻找自己的位置，来为自己的处境或行为赋予意义、对自己的困境和麻烦找到解释的方式。

其次，我们回到齐美尔，他所界定的宗教性是一种社会精神结构，一种人们对待他者的特有行为方式。（齐美尔，2003）人与人之间的关系都包含着宗教的因素，人在纯粹精神层面的相互作用中，奠定了一种基调，这种基调不断提高，直到脱颖而出发展成为客观独立的存在，宗教得以形成。一切宗教性形成了感情的张力，因而人与人的关系，以及人在相互作用中所形成的共同情感，是宗教的本质开端。我们从齐美尔的视角出发来理解超常信仰，会发现人们在接触超常信仰的时候期待的是将自己与他人剥离，重视对个体生活的理解、选择最适合自己的信仰方式来解决精神生活的问题，但是最终探讨的仍然是存在于人之间的、人们在互动过程中形成的共同情感，个人只有将自身放置在如此种种的共同情感之中，其行为和处境才是可以被理解和解释的。所谓"云在青天水在瓶""各花入各眼"的解释，其背后蕴藏的逻辑，都是在指示个体的行为、情绪、观念、情感在共同情感当中的位置问题，而这种位置一旦脱离了公共性便无法解释并失去了意义。

最后，我们还需要对两种认识做一区分："信仰的公共性"与"信仰参与公共生活"所指示的是两个问题。从历史上来看，超常信仰没有参与公共生活——既没有像西方社会中的制度性宗教一样自身成为一种社会结构，也没有像中国的弥散性宗教一样附着在其他社会结构上进而参与公共生活——它一直以一种隐秘的、私下的方式存在。尽管超常信仰在当前社会中悄然兴起，且参与的群体呈现出知识化、年轻化的趋势，但我们认为它仍然不会参与公共生活、仍然继续以隐秘的方式存在于人们的日常生活中。但是，超常信仰体现出人们在公共性上的诉求——它可以拿出来被讨论、被分析，可以被认可，也可以被否定——但是人们正是通过这些东西，建立与他人的连接、在与他人的互动之中为自己的行为赋予意义，活动本身可以是私人化的，但活动的本质必然是对公共性的寻求和确认。

结语：通过个体化的表达寻求公共性的意义建构

本文的核心发现是，超常信仰之所以会在当下社会悄然兴起，且在一定程度上出现了愈演愈烈之势，是因为在近 30 年来的发展过程中，社会流动性增强，物质财富的积累使得社会能够提供给个体的流动机会增多、能够满足个体需求的方式从单一走向多元；社会包容性增大，财富的扩张、信息的低成本扩散、教育水平的普遍提高，从不同的角度造就了评价标准的多元化，整齐划一的评判标准和认知方式走向式微。这使得人们不再青睐秩序或权威，导致既有的权威经验对于人们当下境遇解释乏力、参照价值降低，社会中普遍存在着一种个体性的焦虑情绪，这样一来人们便试图寻找新的路径来实现对个体生活的理解，而超常信仰便是人们在追寻的过程中找到的一条新路径。

超常信仰表现出强烈的个体化和私人性倾向，它不嵌入或附着在任何一种社会结构之上，信仰实践中的人们不存在稳定的关系，它更强调遵从个体的经验、聆听发自内心的声音，但是人们通过超常信仰试图理解的问题，仍然是与建构公共性密切关联的（见图1）。

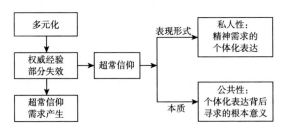

图1　本文逻辑架构图

综上，我们将超常信仰所建构的公共性称为"碎片化的公共性"。第一，它不像政治或者前现代社会中制度性宗教那样，为社会提供整全的公共性，即不提供完整的意义解释体系；它的解释性是针对个体的，但同时又通过自身的解释，将个体嵌入在社会的整体当中进行理解，而不是孤立的、离散的。第二，对个体而言，他们通过这样一种碎片化的公共性来寻找归属感，即在动态变化的区隔中寻找定位，从而给自己的境遇寻找意义的支撑。在这里，我们并不能说意义的共同体是缺位的，而是随着社会的不断变迁，出现了整全的意义体系所覆盖不了的方面，这便是超常信仰通过私人性的表达方式所建构的"碎片化的公共性"。

参考文献

中文

风笑天：《社会变迁中的青年问题》，北京大学出版社，2014。

李向平、李峰：《"人神关系"及其信仰方式的构成——基于"长三角"地区的数据分析》，《社会学研究》2015 年第 2 期。

〔英〕安东尼·吉登斯：《现代性与自我认同——现代晚期的自我与社会》，赵旭东、方文、王铭铭译，三联书店，1998。

潘天舒：《文化全球化与多元信仰实践：美国"新时代运动"的人类学解读》，《思想战线》2016 年第 2 期。

〔德〕格奥尔格·齐美尔：《宗教社会学》，曹卫东译，上海人民出版社，2003。

王康：《当代大学生信仰问题的研究综述》，《中国青年研究》2010 年第 1 期。

夏昌奇、王存同：《当代中国超常信仰的经验研究——兼论中国宗教的内容与格局》，《社会学研究》2011 年第 5 期。

阎云翔：《私人生活的变革：一个中国村庄里的爱情、家庭与亲密关系（1949－1999）》，上海书店出版社，2005。

章军、黄剑波：《宗教信仰对青少年生命状况的影响——以基督教徒为例的定量调查研究》，《青年研究》2008 年第 9 期。

英文

Bourque，L. B.

1969. "Social Correlates of Transcendental Experiences," in *Sociological Analysis* 30：151-163.

Casanova，Jose

1994. *Public Religions in the Modern World*, University of Chicago.

Emmons，C. E. & J. Sobal

1981. "Paranormal Beliefs：Functional Alternatives to Mainstream Religion?" *Review of*

Religious Research 22 (4).

Finucane, R. C.

1984. *Appearances of the Dead, A Cultural History of Ghosts*, Buffalo, N Y: Prometheus.

Goode, E.

2000a. *Paranormal Beliefs: A Sociological Introduction*, Prospect Heights, IL: Waveland Press, Inc.

2000b. "Two Paranormalisms or Two and A Half? An Empirical Exploration," in *Skeptical Inquirer* 24 (I): 29-35.

Gorski, Philip

2000. "Historicizing the Secularization Debate: Church, State, and Society in Late Medieval and Early Modern Europe, ca. 1300 – 1700," in *American Sociological Review* 65: 138-167.

Greeley, A. M.

1975. *Sociology of the Paranormal: A Reconnaissance*, Beverly Hills, CA: Sage.

Luckmann, Thomas

1967. *The Invisible Religion*, Frankfurt: Suhrkamp Verlag.

McClenon, James

1990. "Chinese and American Anomalous Experiences: The Role of Religiosity," in *Sociological Analysis* 51: 153-167.

Ozorak, E. W.

1989. *Social and Cognitive Influence on the Development of Religious Beliefs and Commitment in Adolescence*, Journal for Scientific Study of Religion.

Heelas, Paul

1996. *The New Age Movement: Religion, Culture, and Society in the Age of Post Modernity*, Oxford: Blackwell.

Schouten, S. A.

1983. "Attitude about Technology and Belief in ESP," in *Psychological Reports* 53, p. 358.

Sparks, G. G.

2001. "The Relationship Between Paranormal Beliefs and Religious Beliefs," in *Skeptical Inquirer* 25 (5): 50-56.

Tobacyk, Jerome & Milford, Gary

1983. "Belief in Paranormal Phenomena: Assessment Instrument Development and Implications for Personality Functioning," *Journal of Personality and Social Psychology* 44: 1029-1037.

Rice, Tom W.

2003, "Believe It or Not: Religious and Other Paranormal Beliefs in the United States," in *Journal for the Scientific Study of Religion* 30: 96–106.

Tschannen, Olivier

1991, "The Secularization Paradigm: A Systematization," in *Journal for the Scientific Study of Religion* 30: 395–415.

Yang, C. K,

1961, *Religion in Chinese Society: A Study of Contemporary Social Functions of Religion and Some of Their Historical Factors*, Berkeley: University of California Press.

Williams, R. N., Taylor, C. B. & Hitze, W. J.

1989. "The Influence of Religion Orientation on Belief in Science, Religion and the Paranormal," in *Journal of Psychology and Theology* 56: 1026–1037.

Watson, James L.

2007. Orthopraxy Revisited, *Modern China*, 33: 154–158.

Wuthnow, Robert

1978. *Experimentation in American Religion: The New Mysticisms and Their Implications for the Churches*, Berkeley: California University Press.

道家内修与四大门—五大家的神圣动物

张　超

摘　要　四大门—五大家是华北地区流行的独特信仰类型。从道家内修的角度，这几种动物被认为是神圣的。五种神圣动物分别代表了宗教内修中的五种情感，神圣动物可视为五种情感的图像化处理，这种图像化又与情感的空间性有关。

关键词　四大门—五大家　神圣动物　内修

一　华北地区的四大门—五大家

华北地区流行着一种独特的信仰类型——"四大门"。"四大门"又称"四大家"，是狐狸、黄鼠狼、刺猬和蛇四种动物的总称。有的地区除这四种动物之外，也崇拜老鼠等，学界有时将"四大门"也称为"五大家"。李慰祖较早研究了这种信仰类型，详细描述了流行于北京的四大门信仰的具体形态，分别从四大门的成因、特质、香头及其与当地社会、文化体系的关系等内容对四大门信仰进行了较为全面的描述。（李慰祖，2011）

在李慰祖之后的 50 年内，鲜有四大门的研究。直到最近几年，学者又开始关注华北地区的四大门信仰。比如，周星认为华北地区的四大门与当地庙会体系具有密切关系，四大门信仰至少曾部分被纳入一个更大的以庙会及庙会轮值形式组织起来的神话和信仰体系，四大门是华北地区庙会体系的底层民众信仰体系（周星，2011：149）；四大门信仰虽然具有萨满教的成分，但其中许多因素不能用萨满教解释。

除周星以外，史学家杨念群着重用"地方感觉"概念来分析四大门信仰。他提出的"地方感觉"概念参考雷蒙·威廉斯的解释框架，强调地方（民间）的感觉不是意识形态的表述或可以用精英的思想概括成叫"信仰"的东西，而是一种自主性的结构。（杨念群，2005：296）杨念群的研究主要是与民间信仰"帝国的隐喻"模式进行对话，并不认为地方的民间信仰是一种对国家体系的模仿或民间权利的政治表达方式，而是基层民众日常生活中具体而细腻的感觉。

本研究的四大门—五大家主要以冀北的德坪村①为田野调查点。在当地，神圣动物会"附"在某个人的身体内，履行"看事"的职能。这些灵媒被称为"弟马"，灵媒咨询在当地非常普遍。人们日常生活中的各种琐事都要来灵媒处问询，包括：不明原因的身体不适，精神错乱；婚姻爱情等家庭问题；事业发展问题；阴阳宅的风水、房屋建设等；还包括子女考学、不孕不育、出行时间等十分细小的日常事务。

二 问题的提出：从内修感觉看四大门—五大家动物的神圣性

狐狸是四大门—五大家中的重要神灵，被视为主管神灵和掌舵大教主。狐狸的形象经常出现在传统小说和华北的民间传说中，通常具有两种看似矛盾的形象：一是危险性，具有性吸引力，通常以美丽的女性形象出现，诱惑男性，吸取男性身上的阳气；二是福利性，狐狸经常是精通传统医术的高手，能够治疗疑难杂症，狐狸还是保家神灵。一些学者将其归因于女性角色的双面性：一方面，女性是繁衍后代的主要力量；另一方面女性总是来自外部家庭（家族的女孩要外嫁，一般不看成家族成员），带有危险性。比如，德坪地区新娘总要从娘家带来一把"笤帚"，意在扫除新娘的危险性成分。

韩孟（Charles E. Hammond）总结了三种不同的狐狸形象：一是阴性能量的承载者，就像鬼魂一样，具有危险性；二是道教炼内丹的实践者，具有高尚的成分；三是具有高明的医术，能够为人类谋福利。（Hammond，

---

① 遵田野伦理，德坪村是笔者所调查村庄的化名。

1996）韩孟并没有遵循传统的解释路径，即强调狐狸传说的文化和社会背景，而是从内部的宗教感觉入手，将狐狸的不同形象与男人在实践道教内修时遇到的性欲问题相联系。"性"具有两方面的作用：从积极的方面来说，性能够成为实现道家理想境界的方便手段；从消极方面来说，内修中十分关键的物质就是人的精液，而性行为可直接致精液流失。从内修角度来说，性欲也是一种破坏性的力量。韩孟对狐狸形象的解释是与道教修炼中对性的感觉的两面性相关联的。

韩孟上述研究路径具有启发性，我们对四大门的解释是不是从宗教感觉的角度来解答，为什么民间会崇拜这四种（或五种）动物？

内修在道教传统中占有十分重要的地位，理论典籍中充满许多隐喻，一大部分即来自内修经验。在德坪弟马们的生活实践中，也在不知不觉践行着道家内修的传统。弟马是一种能够替这几种动物神灵"说话"的人，四大门的动物会"附"灵于某个人，行看病与问事之能。虽然弟马是一种被神灵支配的具有"傀儡"性的身体，弟马与其所认为的附体神灵的关系绝非一种简单的支配与被支配关系。德坪村资深的韩弟马在给新弟马的咨询意见中，最常见的有两条：第一条是每天晚上一定要打坐；第二条是要学会控制自己的附体仙家。这显示弟马在出马给人看事的过程中也是需要内修训练的。

由于内修涉及十分隐秘的经验，未亲历者很难叙述。幸运的是，中国是一个重注书写的民族，并且内修一直是道教实践和道教文化的重要要素。笔者将参考传统内修经典《性命圭旨》，讨论弟马的内修经验。

三　四大门—五大家神圣动物的民间形象

华北地区的四大门—五大家包括狐狸、黄鼠狼、蛇、刺猬以及老鼠。这五种神圣性的动物常被人们称为"门"，狐狸被称为"胡门"，黄鼠狼被称为"黄门"，蛇被称为"柳门"，刺猬被称为"白门"，而老鼠被称为"灰门"。

在德坪村，人们认为这五种动物是神圣的，人们如果在日常生活中看到前四种动物不会轻易喊打，除非危害到人们的利益。比如，某只黄鼠狼或某条蛇把家中养的鸡吃了，这样的个体被认为没有"道行"，因为神圣的个体是不会干出这样不光彩的事情。但对于第五种动物老鼠人们在日常生活中则会尽力剿灭，除非老鼠具有某些特别的特征，在德坪村，白老鼠被认为是神圣的，人们通常不会打它，即使其偷吃了家中的粮食。

（一）神圣动物黄鼠狼的形象

1. 民间认为的黄鼠狼形象

在德坪村，人们最常提起的是黄鼠狼。有关黄鼠狼的民间故事已成为人们民俗生活的谈资，黄鼠狼经常以滑稽的形象出现在民间故事中。

（1）黄鼠狼吓人

德坪村，人们普遍认为黄鼠狼是调皮的"捣蛋鬼"，天性爱捉弄人，尤其是在深夜，妇女一个人在家时，黄鼠狼就会出来吓人。传统认为，黄鼠狼具有通晓人类心情的能力，你越害怕，黄鼠狼越吓你。黄鼠狼最常用的吓人伎俩是将弄碎的半个核桃皮穿在自己的脚上，模仿高跟鞋走路的声音。在乡村的深夜，一片漆黑，寂静无声，这种"噔噔"的走路声着实让人害怕。或者黄鼠狼会发出很大的声响，这种大的声响通常通过摔打塑料瓶子或铁皮水桶的方式发出。

另一则黄鼠狼捉弄人的故事描述的是几十年前人们手工纺线时的场景。几十年前，电灯还没有普及到农村地区，妇女总是借着晚上皎洁的月光纺线织布。当人们纺线时，总是会听到奇怪的"噔噔"声，并且总是伴随着梭子穿过织布机时发出，这种声音明显不是织布机发出来。妇女通过月光向外细看时，发现一只小黄鼠狼正躲在门槛旁边，手中拿着一根玉米秸秆，当女人拿起梭子穿过织布机时，小黄鼠狼就将秸秆在门槛上敲击一下。

（2）黄鼠狼担米

黄鼠狼在民间信仰中，是一位保家仙，其保家的一个表现是保证所保家庭米、面数量不变。在民间传说中，家中有保家仙的一个主要表现就是自家的米面会显得特别的"经吃"，怎么吃都吃不完；或者是煮饭时，仅放了一点点的米，却会做出很多的米饭。黄鼠狼这种保证家中粮食不少的特点被人们描述成其会在夜间用一个小红口袋去别人家担米。黄鼠狼担米的形象也被描述成滑稽的，一边扛着米，嘴里一边还会说着话："一担挑啊，一担挑。"

（3）黄鼠狼娶亲

黄鼠狼娶亲的故事同样表现了黄鼠狼的滑稽特性。人们在街口闲聊时，看见四只黄鼠狼抬着一个驴箍椟①，大摇大摆在石墙上行走，仔细看过，发现驴箍椟里面还坐着一只黄鼠狼。某位妇女看到之后，用石子砸了这几只黄鼠狼，黄鼠狼迅速逃跑了。过了两天，这名扔石头的妇女便神志不清，嘴里不住地说着胡话，并且发出"哎呀哎呀"的叫声："哎呀呀！哎呀呀！我妈妈（乳房）疼，妈妈疼，我结婚的时候让人把妈妈砸了！"原来妇女是让前几天的黄鼠狼附体了，前几天四只黄鼠狼用驴箍椟抬着一只黄鼠狼的滑稽场景原来是黄鼠狼在娶亲，而石子正好砸中了新娘子的乳房。

（4）犯黄鼠狼

除了这些有意思的民间故事之外，现实生活中有一种精神方面的失常状态常被认为由黄鼠狼引起的，德坪村将这种失常状态称为"犯黄鼠狼"。

犯黄鼠狼的现象在有德坪并不少见，最常见的表现是犯病人会表现出某种精神失常症状，说一些平时不会说出的胡话，情绪也比平时要激动得多，经常哭闹。这种失序状态经常由某种不高兴的事引起，德坪村用"憋闷"这一词语来形容这种状态。人们认为，犯黄鼠狼是因某人遇到了"憋闷"之事，黄鼠狼总是趁机控制人的心智，从而"戏弄"一下人们。人们并不认为黄鼠狼的戏弄有多严重，实际上，这种反常的精神状态也不会持续很久，仅是一会儿的工夫，人们认为要扭转这种类"疯"状态的最好方法就是找到"捣鬼"的黄鼠狼的真身。在人们的观念中，黄鼠狼能够利用某种神秘的方法控制人的心智与行为，在犯病人不远处，有一只"捣鬼"的黄鼠狼也在做着同样的动作，只要找到这只黄鼠狼，将其赶跑，犯病人的反常状态就会立刻消失。

值得注意的是，在德坪村，犯黄鼠狼的人基本上都是女性。这种情况很容易将我们引入性别解释的视角，认为这种疾病是女性表达情感危机的一种有效方式。但是笔者更愿意从本土的角度进行解释，在本土的观念中，女性具有阴性成分，而男性则具有阳性成分。动物神灵一般被认为具

---

① 一种用铁丝或竹签编的圆篮子形的器物，用来戴在牲畜的嘴上，防止其干活时偷吃东西。

有阴性成分，这种阴性成分通常很难进入具有阳性特征的身体。具有阴性特征的女性容易成为动物神灵进入的对象，所以女性很容易成为动物神灵操控的对象。

2. 弟马所认为的黄仙形象

在弟马的附身想象中，黄鼠狼仙家经常是传令、跑腿的形象。弟马总是想象出一套丰富的图景。在看事过程中，或需要传达某些命令，或需要某位仙家去某处办事，最常派遣的仙家便是黄仙儿，因为黄仙儿被认为喜好游山玩水，喜欢跑腿的仙家。再加上，黄仙在弟马的想象中总是利索、麻利的形象，所以黄仙儿经常被视作类似古代传令、外出办事的官员。黄鼠狼作为附体仙家的另一个特点就是爱"吹牛皮"，常常会冒充大的仙家，比如冒充玉皇大帝、王母娘娘等地位极高的神仙。在弟马的观念里，这些地位极高的神仙是不会附在某个凡人身上的，即使附在了凡人身上也不会轻易暴露自己的身份，这些地位高的神灵是有修养和内涵的。

当然，黄仙也不总是小角色，按照弟马的说法，有些人的附身体系中掌堂的大教主也会是黄仙。黄仙掌舵仙堂的特点是看事迅速、果断，但看事过程中脾气急躁，同事者动不动就会受到厉声训斥。据说，德坪村的韩弟马就是黄仙掌堂，上面的这些特色，在韩弟马看事过程中也确有表现。

3. 黄鼠狼没长性

不管是普通民众所认为的黄鼠狼，还是弟马所认为的黄鼠狼，都有一个共同的特点就是"没长性"。人们总是说，黄鼠狼保家没长性，发家快，败家也快，因为黄鼠狼脾气急躁，稍微有一点照顾不周，就会引起它的愤怒，从而不再在此家中保家，家庭也会很快没落。同样，由黄鼠狼掌堂的弟马堂口，影响力开始会很大，来看事的人也很多，但通常不会长久。但正是这种没长性的特点，造就了黄鼠狼滑稽可笑的形象特征。

（二）神圣动物狐狸的形象

和中国人普遍的观念一样，在德坪村人们的观念中，狐狸具有两面性：一面是美丽的女子，从而成为诱惑人的"恶性"形象；另一面是成熟稳重的老年男性形象，从而成为一种受尊敬的"善良"形象。在德坪村，人们较常提起的是狐狸的老者善良形象。

1. 狐狸懂医术

狐狸常被认为精通传统医术，尤其擅长号脉。实际上，弟马的治疗实践中也会给人号脉，弟马没有系统学过中医却无师自通的原因通常被归结为狐仙，是狐仙通过弟马的身体号脉诊病。在民间有关狐狸保家的故事中，就有狐狸通过传授医术而使原本不懂医术的人因帮人治病发家致富。在民间故事中，刘忍由于救了一只狐狸，从而从狐狸那儿得到了神奇的药物，帮助人们治疗疑难杂症使自己的家庭很快富裕起来。某些乡村医生常常会有莫名的名气，会有不少人排队看病，对于这种现象，人们总是倾向于解释成家中有狐狸保家，并且这只保家的狐狸精通医术。

2. 狐狸会唱歌

狐狸的另一项才能就是会唱歌、唱戏。在人们对附体经验的描述中，很多人都会在神志不清的状态下哼唱歌曲、戏剧，有时还加上身体动作。这种反常的状态常被看成狐仙附体的表现。

3. 狐狸会炼丹

狐狸的另一项能力就是会炼丹，传说在几十年前，每到黑夜，总会看到山脚下有红色的火光飘移，人们普遍认为红色的圆球就是狐狸炼丹的表现。

4. 弟马所认为的狐仙形象

在弟马的观念中，狐狸的形象多是正面的。由于狐狸稳重，所以弟马认为，绝大多数的出马堂口都由狐仙掌堂。

（三）神圣动物蛇的形象

人类似乎对蛇有天生的恐惧。西方文化中，蛇被描述成"恶"的起源。中国文化中的蛇与西方确有不同形象，实际上，有人认为中国传统文化中龙图腾崇拜的根源是蛇的崇拜。在中国的神话传说中，伏羲和女娲就被描述成蛇尾人身的形象。在德坪村，人们对蛇的形象有两方面认识：一方面，蛇具有保家的功能；另一方面，蛇会引起严重的附体，从而对人构成生命危险。与上述狐仙和黄仙不同的是，在蛇仙的两面性中，人们更加侧重于蛇的"危险性"特征。

1. 蛇的危险性

许多危险性的疾病都被认为是蛇的附体。在王弟马讲述的治疗案例中，有一例因为女子在不恰当的位置小解，得罪了当地的蛇仙，从而引起严重的精神性疾病。

2. 弟马所认为的柳仙形象

在弟马的世界中，蛇被描述成勇猛的形象，通常被认为是勇武的将军。比如，王弟马能够感觉到自家门口就有一条大黑蛇作为庭院的护卫长期驻守在门口的石堆里。蛇仙勇猛善战，性格也较为刚烈，遇到不顺心的事，常常会大打出手，如王弟马总是将自己在看事过程中打人的冲动归因为蛇仙附体。刚烈勇武的蛇并不适合出马堂口的掌堂工作，据笔者在德坪村的调查，并没有发现由蛇仙掌堂的例子。

（四） 神圣动物刺猬和老鼠形象

相较以上三种动物，刺猬和老鼠的形象在普通民众和弟马的观念中地位相对较弱，白仙和灰仙最常被人提起的是其保家仙形象。在网络社区中，有的弟马对白仙与灰仙的功能描述还是十分清楚的。

白仙擅长治疗各类实病，不光对普通的问事者进行治疗，还负责治疗仙门内部的各种杂症。白仙由于肉身短小，行动缓慢，一般不会担任跑腿的职能，而是选择后堂压阵，预备仙役。另外，白仙具备掐算预测的功法能力。

因为灰仙行动隐秘，不容易被人发现。灰仙比较擅长逆天改命、布阵圈运、搬山添海等法术，同时还擅长破阵营救。另外，灰仙由于多子多孙，擅长治疗凡间的不孕不育症。

在弟马的想象中，白仙和灰仙具有某些特殊的功能，如白仙擅长降头放蛊之术，灰仙擅长秘密改运法术等。这两种动物的法术多是秘密施行的，其能力的隐秘性或许能够解释两种动物形象在德坪村很少被提及的原因。

四　神圣动物的图像、颜色与情感：从道家内修
感觉角度研究四大门

狐狸、黄鼠狼、刺猬、蛇、老鼠五种神圣动物分别被简称为胡、黄、白、柳、灰。在常用的简称中，黄鼠狼与黄色相对，刺猬与白色相对，老

鼠与灰色相对，除了这三种有直接的颜色对应之外，其他两种动物也可以转换颜色。一般观念中，狐狸被描绘成红色，比如国内和狐狸名称有关的企业如"搜狐传媒""火狐浏览器"等，企业标志中的狐狸形象的颜色都是红色的，并发音中"hú"和"hóng"具有一定相似性。五种动物中，蛇的简称最为奇特，狐狸、黄鼠狼可以认为是以第一个字作为简称的依据，刺猬和老鼠是以皮毛的颜色作为简称的依据，蛇则被简称为柳。蛇和柳似乎没有太多的相似性，那么蛇为何被称为柳？笔者认为，蛇和柳在实物上的不相关性恰恰说明了五种动物与五种颜色的相关性。柳"liǔ"的读音与绿的读音"lǜ"具有非常大的相似性，将四种动物与人类社会中的某一个姓氏相对应表现了人们对这几种动物的尊敬，蛇的颜色与绿色相对应，本应该以"绿"简称蛇仙，但是由于并没有"绿"姓，所以找了读音相似的"柳"姓来简称蛇仙。

在中国传统文化中，人们常常提起的基本颜色有五种，其分别为黑、白、红、绿、黄，称为"五色"。五色被认为是五种神圣的颜色，常被应用在宗教信仰之中。实际上，在弟马的治疗实践中，这五种颜色也具有治疗的效果。比如女性防流产的一个常见方法就是将五彩线编成腰带，系到腰间。还比如，当家庭中出现某些异样的声音，以及某些不吉祥的征兆时，弟马会建议找五种粮食，用粮食砸打家中的四个方向，据说这五种粮食有除秽的神秘作用。这五种粮食玉米、绿豆、黑豆、小米、红高粱，分别对应着五种颜色，即白色（德坪村有白色的玉米）、绿色、黑色、黄色、红色。

在中国传统中，五种颜色又分别与人身体的内脏器官相联系，黑色对应的内脏器官是肾，白色对应的内脏器官是肺，红色对应的内脏器官是心，绿色对应的内脏器官是肝，黄色对应的内脏器官是脾。同时，这五种内脏器官又与人类的五种基本情感相对应，在《黄帝内经·素问·阴阳应象大论篇》中有这样的记载：心在志为喜，肝在志为怒，脾在志为思，肺在志为忧，肾在志为恐。（谢华，2000）从五色到五种动物，到五种内脏器官，再到五种情绪，得到了表1所示的五种动物与五种情绪的对应关系：狐狸象征着喜，黄鼠狼象征着思，刺猬象征着忧，蛇象征着怒，老鼠象征着恐。

表1　动物与情绪的对应性

五种动物	狐狸	黄鼠狼	刺猬	蛇	老鼠
简称	胡	黄	白	柳	灰
颜色	红	黄	白	绿	黑
内脏器官	心	脾	肺	肝	肾
情绪	喜	思	忧	怒	恐

为什么要用五种动物形象来表达人的五种情感？这要从情感与表达的关系说起。当我们内观自己的情感时，忧是什么样的感情？似乎很难描述清楚。但是我们却总是能够在某种场景冠以"忧"的语言符号，忧如果是个人的感觉，那么个人的感觉如何通过与别人的分享从而也使别人理解自己的情感呢？情感的公共性何以成为可能？以至于我们表达，说出某种心境时，主体与主体之间能够心领神会地知道共同表达的一种心境。一个重要的方法就是用某种具象的图形来表达，因为情感类的感觉很难用特定的、明确的话语表达。

内修过程中，总会遇到某种特殊的情感与情绪，折磨得人心神不宁，但是当我们彻底"内观"这种情绪时，往往发现根本无法用平时语言所指这种内心感受。当内观到根本，体内只会感觉到一种莫名的力，统摄着整个内部世界，如何将这种内部之力转换成自我解放的手段呢？

这五种动物就是表达不同情绪，从而使私人情绪得以转换成能为公共理解的情绪。当这种公共情绪被人们所理解，就会根植于话语之中，从而可以完全忽视情绪的身体性与感觉性，而仅仅会表现它的符号性。情绪与文化研究是一种逆向的过程，研究的一个重要旨趣就是要冲破情绪的符号枷锁，重塑情绪被表达的过程。

（一）身体及情绪的图像化

在传统文化经典中，就有用图像来表达某些特殊情绪的例子。《性命圭旨》中的内照图（见图1）描述了人体内脏器官与人类社会中官职的对应情况，并比拟说明内脏器官的功能。

《性命圭旨》中是这样记述的：心者，君主之官，神明出焉。肺者，

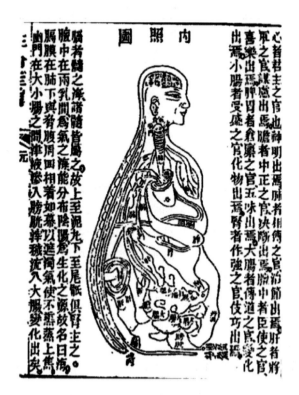

图 1 《性命圭旨》中的内照图

图片来源：《性命圭旨》（李建章，1993：68）。

相传之官，治节出焉。肝者，将军之官，谋虑出焉。胆者，中正之官，决断出焉。膻中者，臣使之官，喜乐出焉。脾者，仓廪之官，五味出焉。大肠者，传道之官，变化出焉。小肠者，受盛之官，化物出焉。肾者，作强之官，技巧出焉。（李建章，1993：68）

心是君主之官，肺是相传之官，肝是将军之官，脾是仓廪之官，肾是作强之官。前面已经描述过，心与喜相对，肺与忧相对，肝与怒相对，脾与思相对，肾与恐相对；又心与红相对，肺与白相对，肝与绿相对，脾与黄相对，肾与黑相对；上面已经说明了五种动物与五种颜色也相对，即红与狐狸相对，白与刺猬相对，绿与蛇相对，黄与黄鼠狼相对，黑与鼠相对。于是我们可以得到表 2 "动物—情绪—身体"的对应关系：狐狸—喜—君主之官（神明出焉），刺猬—忧—相传之官（治节出焉），蛇—

怒—将军之官（谋虑出焉），黄鼠狼—思—仓廪之官（五味出焉），老鼠—恐—作强之官（技巧出焉）（见表2）。

表2　动物与官职的对应性

颜色	红	白	绿	黄	黑
内脏	心	肺	肝	脾	肾
官名	君主之官	相传之官	将军之官	仓廪之官（卫、谏议之官）	作强之官（主外之官）
神圣动物	狐狸	刺猬	蛇	黄鼠狼	老鼠

除了《性命圭旨》中有关于内脏与官位的描述之外，《黄帝内经》中也有类似的描述，只不过个别器官所对应的官职不尽相同。在《黄帝内经·灵枢·五癃津液别》中有这样的记述：五脏六腑，心为之主，耳为之听，目为之候，肺为之相，肝为之将，脾为之卫，肾为之主外将。（谢华，2000：599）这里脾为守卫官职，肾是主外官职，与一贯的描述略有不同。另外，在《黄帝内经·素问·本病论》中记述：心为君主之官，神明出焉……脾为谏议之官，智周出焉……肾为作强之官，伎巧出焉。（谢华，2000：367）这里的"脾"为谏议之官，与前面的描述也有所不同。也就是说，在内脏与官职的对应中，心、肺、肝在典籍中的描述是一致的，心为君主之官，肺为相传之官，肝为将军之官。脾、肾的描述则有不同之处，脾有三个官职：仓廪之官、卫和谏议之官；肾有两个官职：作强之官和主外之官。

中国医术不像西方医术那样以解剖学为基础，中国医术注重体内各种内脏器官生理功能的完好，注重内脏器官之间良好的循环网络，而"脉"是诊断体内循环是否正常的一个主要手段。西方医学的解剖能够通过很好的视觉形式形成对人体内部构造的直观了解，但是也意味着人体已经死亡，不能正常发挥功能。中国医术就像是在经营园艺一样，关注生命状态下体内内脏器官的运作状况。（Kuriyama，1999）中国医术是如何知晓体内的内部循环情况的呢？其主要是通过类似道家内修一样，对体内情感的体悟。

体悟更像是一种艺术，而不像一门科学。实际上，不论是中医还是道教内修，充满着有别于科学的审美旨趣。比如，中医号脉时用竹子来形容身体的情况。这种内在体悟式的感知方式每个人的理解不一，所以得到的知识也不尽相同，就像上文所述，有人将脾视作仓廪之官，有人则将其视作保卫之官，还有人认为是谏议之官。同样地，肾有人认为是作强之官，有人认为是主外之官。据此笔者认为，四大门中的五种动物也是在特定地域内发展出来的一套理解体内情感与身体运作的审美化体系。

（二）情绪、空间与隐喻

拉可夫（George Lakoff）的"具身心智"研究，综合运用语言学和神经科学的知识进行了富有开创性的研究，该理论认为，人类的思维基本上是以人的身体感知而构建的，并总结了构建人类思维形式的几种基本认知模型。在这几种基本的认知模型中，一个基本的感知结构就是空间。拉可夫认为，空间概念是我们概念系统中的核心概念，但是空间实际上并不是一种存在于客观世界中的独立性存在。（Lakoff and Johnson，1999：24）这种基本的空间感觉已经整合进我们的思维之中，以至多数情况下我们基本上意识不到空间的真正用意。也就是说，空间感基本上已经成为人类的一种无意识性概念，我们将认知和概念系统加诸空间感之上，从而使空间感觉变成了我们的一种无意识。实际上，人类的许多概念都是在这种无意识的空间概念基础上建立起来的。拉可夫用英语中"in"的例子来具体说明其中包含的基本空间感。英语中的"in"包含了三个部分，其一为容器模式（schema），强调内部性；其二为强调内部边界的结构（landmark-LM）；其三为一个标明空间内部性的探子（trajector-TR）。如"山姆在房间里（Sam is in the house）"这句话中，房子是边界物-LM，而山姆则是标明空间感的一个探子-TR。（Lakoff and Johnson，1999：31）英文"in"中所包含的空间性只是其中一个较为简单的例子，这种空间性能够不断叠加，从而产生更为复杂的概念系统。现实生活中许多表面上没有空间结构的事物，实际上则隐藏着较为基本的空间结构。实际上，人的情感就承载着一定的空间性，人之所以会有几种不同的感觉形式，也是与人类的空间感直接联系的，笔者认为五种基本情感中蕴藏的空间结构如表3所示。

表3　情绪与空间的对应性

情绪	空间指向
喜	向上的，向心的
忧	向远方的
怒	向外的
思（嗔）	发散的，无主的
恐	向内的，排外的

上述的空间感觉模式可以内化为几种不同的感觉形式，也可以外化为社会组织形式。如上文所述，在中国传统医书中，这几种感觉形式已经通过人类社会组织形式表达出来了。华北地区的五种神圣性动物也是一种由身体感觉引发的隐喻表达体系，类似中国传统医书中用国家管理体系中的官职来表达体内情感的例子。

在前面有关弟马附体体系的描述中，附体仙家被描述成一个组织严密的体系。这一体系中，这五种动物是整个体系中的关键组成部分，仙家附体体系的组织基础即在于人类内在的情感和空间感。

表4　空间与神圣动物的对应性

空间指向	情绪	官职	动物
向心（正面、积极的）的	喜	君主	狐狸
远方	忧	丞相	刺猬
向外	怒	将军	蛇
发散	思	仓廪之官（保卫、谏议之官）	黄鼠狼
向内（负面、消极一退缩）	恐	作强之官（外相）	老鼠

狐狸在弟马的附体想象中，一般被认为是整个仙堂的掌堂大教主，相当于人类社会中的君主。君主在人们心中的形象来自情感结构中的"喜"。上面已经论述到，喜是一种向心的情绪空间模式，这种向心性很好地体现在君主身上，在中国传统中，君主是一个国家凝聚的核心。神圣动物"蛇"在弟马的想象中一直都作为骁勇善战的将军，将军表现的是一种向外的情绪空间模式，就像将军把怒气指向外部敌人。黄鼠狼在弟马的想象中是跑腿的角色，十分擅长外交事务，且黄鼠狼还有一个鲜明的特

点爱生气，这一特点可以用佛教中的"嗔"来表示。人类情感中的"嗔"的情绪很容易使人产生涣散和注意力不集中，就像是在空间模型中发出的弥散性、发散性的力。

蛇、狐狸、黄鼠狼是弟马文化中比较固定的三种动物，其他的动物形象则不是确定的，比如在东北地区，四种神圣的动物在上面三种动物之外增加了莽仙，胡、黄、常、莽被称为"四大家"，而四大家在华北地区则指胡、黄、白、柳。五大家则是四大门的另一个参考体系，根据笔者在冀北的调查，可以这样理解，五大家多指的不是附体体系中的仙家结构，而是保家仙的仙家结构，因为在弟马的附体仙家体系中基本很少出现鼠仙。

白仙（刺猬）在弟马的附体仙家体系中占据着十分重要的地位，但是民间关于白仙特点的描述并不鲜明，且弟马对作为附体仙家的白仙的描述也不是很多。如果按照上面"颜色—身体—官员"的逻辑推断，白仙处于一个十分重要的地位，相当于国家组织结构中的丞相。或许可以这样理解，丞相实际上在国家正常运行中扮演着非常重要的角色，有时其才能甚至胜过君主，但是在君主面前，丞相的能力必须有所收敛，不能过多表现自己的才能，或许可以从这个角度理解为什么白仙很少出现在弟马的想象世界中。

五　结语：情感的公共性与反意向性

情感中的空间感也能够被用来解释人类情感的公共性问题。也就是说，情感这一极其私人化的东西如何能够实现公共的表达，从而能够被大家所共感。空间感是很容易被表现出来的，因为空间感基本上能够通过移动与变化表现出来。

在人们对五种神圣动物的印象中，一个突出的特点是其都具有正负两面性的特征。狐狸一方面是成熟稳重的教主形象，另一方面又是诱惑男人的狐狸精形象；黄鼠狼一方面是保护家庭财富的保家神灵，另一方面却是爱捉弄人、引起人疯癫的捣蛋鬼形象；蛇一方面是刚正不阿、骁勇善战的护法神灵，另一方面却是容易引起人类病患的恶性附体。如果从感觉角度来深入研究，五种神圣动物所具有的两面性特征，反映的其实是情绪的两面性特征。

在内修的感觉经验中，情绪既是内修的原始性材料，又是内修的障碍，如此来说，四种动物既代表着四种烦恼、四种修行的阻碍，也代表着四种修炼的方便途径。那么如何使阻碍转变成方便？许多佛教和道教的内修大师也曾经遇到过类似的问题，并记录了阻碍与方便的一体性特征。如《宝积经》云：烦恼之性，即菩提性……烦恼境是佛境界，观烦恼性空是正修行（李建章，1993：429）；《六祖坛经》云：凡夫即佛，烦恼即菩提。（李建章，1993：429）

正如上面各派修行大师所指出的，对于阻碍的破除不在别处，就在阻碍本身。了知阻碍之性也就破除了阻碍，正如顺势疗法一样，我们对痛苦的感觉本身就能够缓解甚至完全解决这种痛苦。附体灵的根本是将"自我主体性"迁之于另一个主体性之上，从而消解了原有的"自我性"。而这另一个主体性就是阻碍本身化成的主体性。这种修行中的障碍不能用常规的方法，即用一个主体性去克服另一个客体性。因为客体的阻碍本质上就发端于"自我的主体性"，将其客体化本身才是问题的症结所在。我们的思维总是如胡塞尔所说的那样具有"意向性"的特征，这种意向性的特征不断使我们的思维进行对象化和客体化活动，思维的意向性规律是导致上述"阻碍"产生的根本，这里笔者将其称为"元阻碍"。

实际上，四大门中的动物形象和弟马的治疗实践是克服这种"元阻碍"的有力方法。弟马这套克服"元阻碍"的方法本质上是这样的一种过程：从客观化了的客体性转化成主体性。从这种角度而言，神圣动物附体本质上是一种客体主体化的过程，这种过程正好和胡塞尔现象学所说的思维"意向性"规律相反，而这正好是克服"元阻碍"的方法。

参考文献

中文

李慰祖著、周星补编《四大门》，北京大学出版社，2011。

李建章：《性命圭旨白话解》，人民体育出版社，1993。

谢华：《黄帝内经》，中医古籍出版社，2000。

杨念群：《昨日之我与今日之我：当代史学的反思与阐释》，北京师范大学出版社，2005。

周星：《四大门：中国北方的一种民俗宗教》，载李慰祖著、周星补编《四大门》，北京大学出版社，2011。

英文

Hammond，Charles E.

1996. Vulpine Alchemy. *T'oungPao* 82：364–380.

Kuriyama，Shigehisa

1999. *The Expressiveness of the Body and the Divergence of Greek and Chinese Medicine*，New York：Zone Books.

Lakoff，George & Johnson，Mark

1999. *Philosophy in the Flesh：the Embodied Mind and Its Challenge to Western Thought*，New York：Basic Books.

宋元两代《老子》注释者的修行[*]

吴文文

摘 要 可以搜集到的宋元时期《老子》注释著作有40家。这些学者在给《老子》进行注释时，以养生、修德等内容作为《老子》的重要主题。注释者站在修行人的角度各抒己见，他们个人身心修行的体验自然而然体现在《老子》注释的内容中，甚至有一些注释者反客为主，不追求还原老子本意，以"《道德经》注我心"的方式，阐述其修行的自得之秘。

关键词 宋元 《老子》注释 修行

首先要明了的是，在《老子》注释中何以能窥知注释者的修行状况？

前提是认可《老子》这一经典文本所能反映的哲学思想具有客观确定性。劳思光说："倘若我们进行对事实世界的认知活动，而并不能认定任何客观的确定性，则我们所谓的知识将全变为个人的心理活动的状态；我们将不能作任何陈述了。"（劳思光，2006：1）

注释者与老子本意相违背的文本释读，往往出于其个人的生活体验和修行实践。这些对老子文本的理解，源自注释者研读《老子》时，其修行体验因为与《老子》文本共鸣而被唤醒，并由此产生了在注释中与他人分享其体验的愿望，我们可以捕捉这些注释中闪现的修行理论和体验。

我们选择宋元两代给《老子》作注的五位学者为研究对象，以其注释为主要研究材料，力图对宋元时期文人修行的情况做一个初步的考察。

---

* 本文系国家社科基金西部项目"出土文献视域下《老子》字义诠释与文本整理"（项目批准号：22XZX015）的阶段性成果。

一 北宋宋鸾及其《道德经篇章玄颂篇》

（一）《道德经篇章玄颂篇》的特点

宋鸾是北宋时期的一名官员，据《道德经篇章玄颂篇》（以下简称《玄颂篇》），其官职是"新授郢州防御判官将仕郎试大理司直兼监察御史"①。《玄颂篇》是一本形式较为独特的《道德经》注释著作，将《道德经》八十一章每一章的大意和主旨用一首七律加以叙述、概括，同时也以注的方式对诗句中的典故和主题做进一步说明。宋鸾在该书前言中说："伏闻淳朴之性本乎自然，机智之源生于习作。乃知结绳阐化，可行于太古之时。……因敢强味道经，辄编巴唱，随其篇目，咏其指归。或一句以分吟，或全章而纪事。虽非骚雅，但慕玄虚，唯剖丹心，上尘洞鉴。"

宋鸾的注释中，带有一定佛教思想的影响。比如把《老子》五十五含德之厚章中"毒虫不螫，猛兽不据，攫鸟不搏"附会为"贪嗔痴三毒"："毒虫喻嗔，猛兽喻痴，攫鸟喻贪。绝此三毒，故不为其所伤。"

又如第五十二天下有始章："密用修行挫六根，竟无危殆保终身。"并注云："若开张六根，矜其视听以济其爱悦之事，则常有祸患，故终身不救。若挫其六根，则终身必无危殆之事。"

在"六根"中，宋鸾认为最难克制的就是"口"，主张节食、少言："口在人身，为患最大，是非生焉，滋味攻焉。眼耳鼻之门，若不为嗜欲所牵，则终身无动劳之患。"

（二）从《道德经篇章玄颂篇》看宋鸾的修行

1. 宋鸾强调修行需"除情去欲"

他对《老子》经文的阐释，很多都围绕"除情去欲"的思想。比如将"自胜者强"解释为"人能自胜，除去情欲，则天下无有与己争者，故为强"；将"大制不割"解释为"以大道制御天下，无所伤割。治身则

---

① 参见宋鸾《道德经篇章玄颂篇》，《正统道藏》洞神部赞颂类，天津古籍出版社，1987。下文中引用此书时，只说明引文在该书中所在位置或章次。

以大道制御情欲，不害精神"；将"为道日损"解释为减损情欲："若能日损无情欲，方悟有为劳我形。"

围绕这一主题，宋鸾对三十六章"将欲歙之，必姑张之"进行了较为新颖的解释，主张不妨让修行者放纵其贪欲，体会放纵带来的困苦，从而使人能切实遵从收敛情欲这一修行方式："故将歙敛众生情欲，则先开张极其侈心，令自困于爱欲，则当歙然。"

宋鸾认为人若能除情去欲，恬淡自得，则无须遁迹山林而修行，他说："舍欲全真宗澹泊，不居岩谷自逍遥。"（十二章）"了悟玄机不下堂，须知心是白云乡。"（二十七章）他认为修行不假外求，反对烧金炼药等方术。"方圆用智修行处，全胜秦皇驾海求。"（八章）"烧金炼药世皆惑，涉水登山人自忙。"（二十七章）

作为北宋官员，宋鸾主张积极入世，"治国阴功功最大，却胜金鼎炼丹砂"（三十八章），并注道："羲皇画卦以兴文，轩辕悬镜以静乱。陶尧垂衣，虞舜舞羽，大禹治水，成汤开网，咸有治世大功，政生民于化寿之域。岂炼丹独善，可齐其道德乎。"

2. 天、人、物同构：橐龠模式

《老子》第五章"天地之间，其犹橐龠乎？虚而不屈，动而愈出"中的橐龠，通常理解为古人用于冶炼金属的风箱。[①] 橐龠（风箱）对老子而言，是用来阐明"道"的一个很形象的"教学道具"。它很好演示了一个道理：我们原本以为是空无一物的"虚"，其实是绵绵不绝、生生不息的"有"，并且此"虚"与"动"有着密切的相关性，也即"动而愈出"。万事万物，只不过是运动着的虚空。天地之间犹如中空的橐龠[②]，同时人身修行也可遵循这一橐龠模式[③]。宋鸾在第五章的注释中说："天地之间空虚，弘气流行，故万物自生。人能除情欲，节滋味，清五藏，即神明居之。"在宋鸾看来，宇宙、人体和《道德经》中的橐龠，有着类似的结构

---

① 如吴澄曰："橐龠，冶铸所用，嘘风炽火之器也。为函以周罩于外者，橐也。为辖以鼓于内者，钥也。"（吴澄，2010：19）。

② 奚侗《老子集解》也作此解："天地之生万物，以元气相鼓荡，如橐龠然。"（奚侗，2014：70）。

③ 江陵张家山汉简《引书》中引用了《老子》这一段文字来说明养身的道理："治身欲与天地相求，犹橐龠也，虚而不屈，动而愈出，……此利身之道也。"（张家山二四七号汉墓竹简整理小组，2001：299）。

和运行机制，因此人修行应当效法橐籥这一天地（宇宙）运作模式。三者的共同性见表1。

表 1

	结构	运行方式	功用
橐籥	中空	虚而不屈（竭）	动而愈出
宇宙（天地之间）	空虚	天地之间空虚，弘气流行	万物自生
人体	空	除情欲、节滋味、清五藏	神明居之

3. 借助琴等事物来说明修身、治国以"静正"为宗

宋鸾在《玄颂篇》中，反复提到琴、月、鹤等意象，以琴为例：

> 不染是非潜养素，暗嗟贪欲静调琴。（十一章）
> 有虞演政调琴后，草木咸苏煦岖风。（三十四章）
> 水还沧海垂衣日，琴引熏风煦物年。（五十四章）

值得注意的是第六十章："月助鸣琴调永夜，雨笼圆沼湛高秋。"在此章的注中，宋鸾清晰解释了诗中"琴"的寓意："此章立意，当以至治静正为宗。今以琴谕守正，秋谕澄静，取事证理。"宋鸾明白无误地指出，他是用"琴"这一表征来指代"守住心神，正心虔敬"的修行状态。陈进国在《古琴与修行》一文中写道："琴心即道心，琴道即丹道。学琴与修道，理无二致，关键都是守住精气与心神，性命双修，以道为宗。"（陈进国，2016：55）这一论点和上述宋鸾的诗、注解，是可以相互印证的。

二 北宋陈景元及其《道德真经藏室纂微篇》①

（一）《道德真经藏室纂微篇》的特点

陈景元（1024—1094），北宋道士，字太初，号碧虚子，建昌南城

---

① 参见陈景元《道德真经藏室纂微篇》，《正统道藏》洞神部玉诀类，天津古籍出版社，1987。下文中引用此书时，只说明引文在该书中所在位置或章次。

（今属江西）人。"少有方外志，年十八，从道士张无梦学，得《老》、《庄》微旨。……北宋神宗熙宁五年（1072），进所注《道德经》，御札批降云：'剖玄析微，贯穿百氏，厥旨详备，诚可取也。'遂命为右街都监同签书教门公事，累迁右街副道录。"（卿希泰，1983：36）

《道德真经藏室纂微篇》和其他批注相比较，一个突出特点是认为《老子》八十一章的先后排列有内在的义理联系，并且对这种排列的逻辑关系进行了说明。

《道德真经藏室纂微篇》还包含了较为详细的校勘内容。该书广搜各版本，如王弼本、严遵本、河上公本、开元御注本、傅奕本、皇甫谧本等，对各版本进行比较，定其优劣。陈景元还参照一些先秦典籍中的引文开展校勘工作，如十三章注："今取《庄子·在宥篇》所引为定，王弼本次之，注解辅嗣，希声为优，疑开元御本校勘时以别本增损，有失古意。"

《道德真经藏室纂微篇》具有丰富的训诂方面的内容。陈景元对《老子》经文中的字、词进行了语言文字学方面的训诂考证，并参考多家批注，尤其推崇严君平的注释；他对《老子》《庄子》等文本烂熟于心，所以能以老解老，前后呼应，又能以庄释老。有些章节罗列各家解释，让读者自己判断；有些章节则评判优劣，给出自己的解释。

作为一个道士，陈景元虽然不排斥佛学思想，但在给道家经典做注时仍注意不将佛教思想掺杂到《老子》经文的释读中来。比如他在第十三章注释"及吾无身，吾有何患"时，将"无身"解释为庄子所说的"坐忘"，反对用佛学思想中的"灭坏空寂"来解释："无者忘也，外也。或以无身为灭坏空寂者，失老氏之宗旨矣。"

陈景元既认可道为世界本原，同时又以老子之道统摄儒家"仁义礼智信"，认为这些范畴皆为"道之用"，由此将儒道思想接合在一起，构成一个相对完整的哲学体系。就这一点而言，朱熹所构建的理学体系，在陈景元这里已经开始发端，同朱熹在融合儒道方面做得更为隐蔽、完备和精妙。

近人蒙文通认为"陈景元之学渊源于陈抟，后人每叹陈抟之学仅于象数图书，读陈景元老子注，而后知二程所论者，景元书中已有之，足见二程之学与景元渊源之相关"。（蒙文通，2001，48）这也肯定了陈景元对宋代理学的形成和发展有一定影响。

（二）从《道德真经藏室纂微篇》看陈景元的修行

1. 崇尚虚静之道

陈景元主张养生需清静淡泊，凝神守中，不为外物所诱。陈景元赞成河上公注将"谷神"解释为"养神"，认为人能养神则不死。那么如何养神呢？陈景元认为："人能清静虚空，以养其神，不为诸欲所染，使形完神全，故不死也。若触情耽滞，为诸境所乱，使形残神去，何道之可存哉。"（十四章）他还进一步解释说："且无者有之本，静者躁之君，动之极也，必归乎静，有之穷也，必复乎无。草木之根重，静处下，则长生。花叶轻，动居上，则凋落。物尚如斯，何况人乎。故圣人举喻，使民息爱欲之心，归乎虚静之本，则可以复其性命之原矣。性命之原，即杳然冥然，视不见而听不闻者也。此唯明哲之自悟尔。能悟之者，则行住坐卧不离乎虚静寂寞，而应变不迁，是得常道，而复命者也。"（二十六章）

2. 炼形

"炼形则呼吸太和，导接血气，饮难终之泉，咀延年之草，使其支节宣畅而不勤劳，此方可与天地同根，众妙共门也。"可见陈景元认为在形的层面进行修炼主要包括三个方面：首先，呼吸作用和人的血气运行直接相关；其次，难终之泉、延年之草等外在的水、食物对保持身体的活力有着重要作用；最后，不可劳形过极。

3. 主张修行以畏为本，畏道、畏天，畏小恶而不为；身死而道不亡

在注释七十二章"民不畏威，则大威至矣"时说："夫世俗不畏天威国威，则大威至矣。大威谓死兆也。君子畏天命，畏大人，畏圣人之言。夫人立身，以畏为本，若以小恶为无伤而不畏，积之盈贯，以致乎大威至而不可逃也。"

陈景元将七十二章"无狎其所居"解释为"言畏慎之人，凡居处当择善邻，无习恶友，清净自守，卑退自持，灾祸莫干，形全神王，斯畏慎之深也"。

对于死亡，陈景元认为修行人应该"畏死"且"不畏死"。"畏死"所以应养生修德："养生谨慎之人畏天死而修德也。""不畏死"则是因为"达者得其常理而不畏死"。（七十四章）"生死得常，则何畏之有。"达

观的人认为生死乃自然常理，死亡是道实现"以万物为刍狗"的体现，因此也无须过于恐惧，安时处顺即可，而遵道而行，就能实现生命意义上的长久和永恒，如他在三十三知人者智章注所说的："动而不失其常，故可久；身死而道不亡，故谓之寿。"

三　南宋叶梦得及其《老子解》①

叶梦得（1077—1148）宋代词人，字少蕴，苏州吴县人，绍圣四年（1097）登进士第，历任翰林学士、户部尚书等官职。叶梦得身历五朝，出仕四朝，被四库馆臣称为"南北宋间之巨擘"，有着广泛的政治与文化影响。（潘殊闲，2007：36）叶梦得《老子解》二卷，宋陈振孙《直斋书录解题》存目，后散佚，其后裔清代叶德辉从宋代彭耜《道德经集注》等书籍中辑佚而成。

1. 为我所用，融通儒释道

叶梦得生活旨趣丰富，交游广泛，现据文字可考的就有160多人，有官场之交、诗词之交，也有释梵隆、释宗义、光上人、僧道渊、慧觉道人、常悟道人、才上人、吴自然等方外之人。（潘殊闲，2007，36）叶氏思想视域开阔，在解释《老子》时，往往不拘泥儒释道之间的界限，以佛释道，以儒解道。首先，《老子解》具有很深的佛学思想印迹。如第一章即采用佛学中的"色空说"来解释"无名天地之始，有名万物之母"（校定后应如帛书本作"无名万物之始，有名万物之母"），将无名理解为"无"（空），将有名理解为"有"（色）。基于这一理解，修行人（圣人为修行有成者）不但能"超乎有无之外"，具备一种站在道的高度玄览万物，"以道观之，物无贵贱"的大格局、大视野，而且能"游乎有无之间"，能在观览万物时，在"有"和"无"、"色"和"空"这两个角度灵活切换的自由心灵。

又如，第三十三章用"见性"这一佛学境界来解释《老子》"自知者明"："自知者见性，知人者未必能见性，为智而已。智者有别乎外也。故见性而后为明，明则无所不照也。"

---

① 参见叶梦得《老子解》，严灵峰编《老子集成》（无求备斋134种），台北艺文印书馆影印本，1965。下文中引用此书时，只说明引文在该书中所在位置或章次。

在第五十出生入死章，叶梦得用佛学思想批评老子"以有身为大患"："十有三，四支九窍是也。老氏盖尝以有身为大患矣，而昧者不察。累于有身之患，皆无能外此十有三物之间。使能知其非我有，则超然乃立乎形骸之外。"

其次，叶梦得善于用儒家经典解读《老子》。他多次采用《论语》中描写孔子生活状态的片段来说明《老子》中有道之士的境界。又如，在《老子》第三章注中，采用《孟子》中"养心莫善于寡欲"来说明"不见可欲，使心不乱"，甚为贴切。老子也谈"寡欲"，主张"见素抱朴，少私寡欲"。叶梦得将儒家君子阶层的修行主张和标准，作为一种爱民治国的手段，糅合、应用于道家治理百姓的理念当中，隐含了一种修行大众化、平民化的主张。在六十二章注中，他也强调了这一点："夫妇之愚，未有求道而不得一有闻焉。"

2. "静"与信仰

叶梦得《老子解》对"静"的解释是别开生面的。在第三十七章道常无名章"不欲以静，天下将自正"的注释中，叶梦得将"静"理解为修行人悟道且有了信仰皈依之后才能达到的人生状态："静者，尽性而至命者也。夫然，天下不期而自正矣。"个体达到这种状态，自然清静安宁；天下人都有了信仰皈依，尽性而知命，则天下自然清静安宁。"各安其性命之情，是以谓之大顺。"（六十五章）

叶梦得主张以"道"为信仰和皈依，他在知人者智章注中说："人之所安，莫大于道。《易》曰：'艮其止，止其所也。'所犹有在，道变通不穷，则无所不在。随所在而安之，孰不可为久者。所谓'道乃久'也。"

四　苏辙及其《道德真经注》①

苏辙（1039—1112），历经仁宗、英宗、神宗、哲宗、徽宗五朝，与父洵、兄轼以"三苏"之号名世。其著作除《栾城》四集共九十六卷，代表其文学成就外，尚有《诗集传》二十卷、《春秋集解》十二卷、《古史》六十卷、《龙川略志》十卷、《龙川别志》二卷、《道德真经注》二

① 参见苏辙《道德真经注》，严灵峰编《老子集成》（无求备斋134种），台北艺文印书馆影印本，1965。下文中引用此书时，只说明引文在该书中所在位置或章次。

卷、《论语拾遗》一卷、《孟子解》一卷等著作。

由于苏辙"以父兄为师"，父兄的学术思想必然影响到他，苏
洵、苏轼的学术思想就体现了三教合一的特色，苏辙自然不会例
外。他的启蒙教育是以儒家思想为骨干，而后因养生而有道家的钻
研，在其仕途困顿，屡遭贬斥的挫败中，为疗伤以调适心态，又与
佛学名家交往频繁，于是乎于儒、于道、于佛，三教皆通。（李冬
梅，2002：111）

1. 凝神、调息

在第十载营魄抱一章注释中，苏辙以"性定神凝"，也即"凝神"，
不可劳神过极为修身方法："圣人性定而神凝，不为物迁，虽以魄为舍，
而神所欲行，魄无不从。则神常载魄矣。众人以物役性，神昏而不治，则
神听于魄，耳目困以声色，鼻口劳以臭味，魄所欲行而神从之，则魄常载
神矣。故教之以抱神载魄，使两者不相离，此固圣人所以修身之要。至于
古之真人，深根固蒂，长生久视，其道亦由是也。"

苏辙在此章注中还谈及调息的方式："婴儿不知好恶，是以性全；
性全而气微，气微而体柔。抟气致柔，能如婴儿，极矣。"我们揣测，
苏辙用"气微"这个词来解释人身体"柔"状态下的内在原因，是否
苏辙在实践调息这一养生体验时，感受到呼吸深长、细微从而使身体柔
软呢？

2. 复性

苏辙《道德真经注》的一个显著特点是援佛入道，在各章的注释中
反复论述"性"也即"佛性"，如第十章解释"明白四达，能无知乎"
时，认为："夫镜之于物，来而应之则已矣，又安得知应物者乎？本则无
有，而以意加之，此妄之源也。"

又如第十二五色令人目盲章："视色听音尝味，其本皆出于性。方其
有性而未有物也，至矣。及目缘五色，耳缘五音，口缘五味，夺于所缘而
忘其本，则虽见而实盲，虽闻而实聋，虽尝而实爽也。"

如十三宠辱若惊章注："性之于人，生不能加，死不能损，其大可以
充塞天地，其精可以蹈水火，入金石，凡物莫能患也。……爱身之情笃，

而物始能患之矣。生死疾病之变，攻之于内，宠辱得失之交撄之于外，未有一物而非患也。夫唯达人知性之无坏而身之非实，忽然忘身而天下之患尽去，然后可以涉世而无累矣。"

苏辙用佛学思想重新阐释《老子》，主张佛性永恒，性之无坏，身之非宝，这已经远远偏离了《老子》一书以道为世界本原（改为佛性）、贵身（改为性之无坏，身之非宝）等思想。

他在解释《老子》三十三章"自胜者强"时借用儒家"克己复礼"的说法，宣扬"克己复性"："克己复性，则非力之所及，故可谓强矣。"

由上述注释可知，苏辙认为体会、回复到本原之"性"，是人生修行最重要的任务和终极追求。

五　元代吴澄及其《道德真经注》①

吴澄（1249—1333），字幼清，号草庐，抚州崇仁（今属江西）人，元代理学的重要代表人物，与许衡齐名，有"南吴北许"之称。

（一）吴澄《道德真经注》的宇宙观：道、德、气

吴澄的《道德真经注》对宇宙的看法大致可以分为三个层次：道、德、气。首先，道是宇宙本原；其次，德是虚无之"道"所演化而产生的第一阶段，这一阶段也即"道"得以化生出万事万物的初始形态。吴澄在孔德之容章云："德自道中出，而道则无也。德者道所为物，而似无似有，不可得而见，故曰'恍惚'。"作为构成万事万物的初始状态，"德"既无限小，又是一种实有；既有"无"的特性，又有"有"的客观存在。"似有似无"，是处于"无"和"有"的过渡阶段。

他注"视之不见"章云："德者，其源出于道，其流博于万物，故曰执古之道，以御今之有气古始者，道也，谓古先天地之所始也。道纪者，德也，谓道散为德，如理丝之终，有条而不紊也。能知此道，则知此德，为道之纪也。"

能认识和体验"德"这一古始状态，也就抓住了道的枢纽。由此，

---

① 吴澄：《道德真经吴澄注》，黄曙辉点校，华东师范大学出版社，2010。下文中引用此书时，只说明引文在该书中所在位置或章次。

"道、德、物、象、精、信"这些范畴在吴澄的《道德真经注》中得以连贯：道生成德，德为物、象之精，物、象真实有信，在于其中有德，而德之中又有至实之道存焉。

"德"不但上承"道"，还下启"气"，是吴澄宇宙观的一个承上启下的阶段。吴澄将《老子》一书中的重要范畴"德"解释为"所得于天之冲气"，也是"万物身形之母"。（五十章）"保守身形由于积德""保有身形者，以能保有身形之母也，故可长久。""深根固蒂，形之留气；长生久视，形之留气也。"（五十九章）

（二）从《道德真经注》看吴澄的修行主张

涉及养生修德治国等修行，在具体操作是在"德"的下一层面"气"展开。

1. 养气：存神、调息

吴澄在四十七章说："凡气用之逸，则有养而日增；用之勤，则有损而日耗，言神常存于中者气不消耗也。"不消耗气的方式包括两方面，一是存神于中。虽然吴澄认为"神栖于目"，但存神的方式不仅仅限于一般闭目养神，还包括基于在"妄见尽灭""目虽有见而心境两忘"等认识的高度上不为外界所牵引，凝神于中。二是调息。吴澄将"塞其兑，闭其门"解释为不言、调息，并叙述了调息的大致步骤："塞其兑，谓杜口不言，使气不自口出。门者，气所出入之门，谓鼻也。先塞兑而后可闭门，由不言而渐调息减息以至无息也，如此则气专于内，终身不因劳而致耗矣。"（五十六章）他将第十章"天门开阖，能为雌乎"理解为呼吸吐纳的技巧：天门开阖，谓鼻息呼吸有出有入，气分于外，未能专一于内，然鼻虽有而调帖纯熟，气不禽猛，所谓为雌也。此住世之人能养气者也。

吴澄修身的一些观点集中体现在第九章（相当于王弼本第十章）注，包含以下一些方面，如闭目存神："神栖于目，目有所见，则神驰于外，闭目藏视，黑暗为玄，虽玄之中犹有所览，是犹有疵也。玄中所览，亦并涤除，妄见尽灭，然后无疵，此出世之人能存神也。"

如节劳养形："爱民治国，谓君国子民用仁用智，神用于外，未能交媾于内，然身虽有事，而清静自然，形不疲劳，所谓无为也。此住世之人能养形者也。"

又如齐物养神："明白四达，谓目见光明，周视四向，目接于外，未能无览于内，然目虽有见而心境两忘，无所辨识，所谓无知也。此住世之人能养神也。"

2. 养生修行的最高境界是"无以生为"的"太上真人"

"九之外有其一，太上真人也。'摄'，犹'摄政'、'摄官'之'摄'，谓不认生为己有，若暂焉管摄之，以虚静为里，柔弱为表，块然如木石之无知，侗然如婴儿之无欲，……盖其渣滓消融，神气澹漠，如风如影，莫可执捉，无可死之质，纵有伤害之者，何从而伤害之哉？"（四十二章）

在吴澄看来，太上真人对生死抱有一种超然的态度，乃至达到"一生死"的境界。这样才能不至执着于生、过于畏惧死亡而"生生之厚"。

结 语

作为"三玄"之一，《老子》的研读和探讨对宋元时期这些才华横溢的学者而言本身就是一种智力游戏和挑战，宋鸾用诗歌的方式给《老子》作注为这一智力游戏增加了一些文学趣味。上述给《老子》作注的文人，陈景元以学问渊博著称，苏辙、叶梦得分别在 18 岁、20 岁中进士，理学家吴澄也是宋末元初名震天下的大学者。在给《老子》注释这一活动中，学者身份（大多是儒家学者）、道家经典以及当时的佛学思想风尚，使得上述五种《老子》注中或多或少具有儒释道思想融通的现象。

上述学者通过对《老子》以及其他经典的研读，对宇宙、个体的关系等问题都有较为透彻的认识，对自身如何修行也都形成了相对常人而言十分理性、成熟且成系统的理论，并且大多数还具备了养身、修德或治国等方面的切身体验。他们大多数采纳了老子以"恒常之道"作为世界本原的观点（苏辙除外），赞成老子"少私寡欲、视素抱朴"等基本主张；和常人借助宗教获得永恒感和生命意义的方式不同，这些学者通过对《老子》等经典的研读和探讨，对死亡、生命终极意义和永恒感的获得等问题都有自己独到的思考，并且给出了自己的答案。

比如宋鸾认为养身、治国等修行实践可以实现生命长久："若治身全气，治国成功，必继赤松王乔，同朝绛阙。"（四十章）陈景元虽然不主张修行可以成仙，但他认为"动而不失其常，故可久；身死而道不亡，故谓之寿"。在他看来，时时刻刻遵道而行，不离开道所要求的状态，如此可享天命所赋予的长久；身体死去，但与道融合、同道一体化，还可以实现生命意义层面上的永恒。叶梦得在《老子解》"清静为天下正"的解释中，通过赋予"静"令人耳目一新的内涵，强调了信仰皈依对人生、对国家长治久安的重要意义；他所主张的信仰对象"道"，事实上融合了《老子》之道和儒家之道，包含了世界本原之道和儒家的伦理体系。这和陈景元在《道德真经藏室纂微篇》中所点明的恒常之道作为道之体、仁义礼智信作为道之用是相呼应的。苏辙以"性"取代"道"作为世界的本原，在阐释中彻底地将老子思想佛学化，主张通过"复性"这一佛学修行路径实现永恒。元代吴澄主张在积极修行的同时，对生死问题持超然态度，这一主张或源自庄子"安时而处顺""一生死"的观点。

当然，对宋元《老子》注释者修行这一问题的考察，还需要对所能搜集到的全部40家注释著作进行更为广泛的分析，并且结合这些学者的其他著作、生平交游等情况，才能有更为清晰、全面的了解。

参考文献

陈进国：《古琴与修行——以宋代白玉蟾的诗文为例》，《文化遗产》2016 年第 2 期。

（宋）陈景元：《道德真经藏室纂微篇》，《正统道藏》洞神部玉诀类，天津古籍出版社，1987。

刘笑敢：《老子古今》（修订版），中国社会科学出版社，2006。

李冬梅：《苏辙研究综述》，《许昌师专学报》2002 年第 3 期。

蒙文通：《道书辑校十种》，巴蜀书社，2001。

潘殊闲，《叶梦得交游考》，《湘南学院学报》2007 年第 1 期。

卿希泰：《陈景元》，《宗教学研究》1983 年第 2 期。

（宋）宋鸾：《道德经篇章玄颂篇》，《正统道藏》洞神部赞颂类，天津古籍出版社，1987。

（宋）苏辙：《道德真经注》，严灵峰编《老子集成》（无求备斋 134 种），台北艺文印书馆影印本，1965。

（元）吴澄：《道德真经吴澄注》，黄曙辉点校，华东师范大学出版社，2010。

叶梦得：《老子解》，严灵峰编《老子集成》（无求备斋 134 种），台北艺文印书馆，影印本，1965。

张家山二四七号汉墓竹简整理小组：《张家山汉墓竹简》，文物出版社，2001。

◎ 域外视野

法国腊味爱派人类学侧记[*]

王丽慧　贺　霆

摘　要　法国本土中医的一支腊味爱派以"壬"字立论，从甲骨文视角解读中医，发展了一套以"三才"为核心的针灸理论。这一理论与巫术、《黄帝内经》之间的联系，揭示了现代医学缺失的一些内容，以及该理论在现代文明错位生存的秘密。腊味爱派也有自身的一些问题，然而从他者返回本来文化，借鉴其成功处探讨中医的未来显然更为重要。

关键词　腊味爱派　法国中医　《黄帝内经》　生态美学

腊味爱派[①]，是法国牙医腊味爱（J. -A. Lavier）在 20 世纪 50 年代创立的一个西方中医派别[②]，其特点之一是自称宗于《黄帝内经》，以研究

---

[*]　本文受资助于中国侨联课题（22BZQK246）、上海市教委高峰高原学科项目"中医药科技发展与社会文化"（A1-U15190402）、上海中医药大学预算内项目（2019GJ173），上海中医药大学杏林传承项目及上海中医药大学王庆其名师工作室、凌耀星名师工作室（A1-Z20-302-0119）。本论文成文，要由衷感谢华东师范大学人类学研究所黄剑波教授的帮助和指导。

①　腊味爱，20 世纪 50 年代 Lavier 在中国台湾期间，由针灸家吴惠平据其饮食习惯赠名"腊味爱"，此后直至辞世未变。在会议论文《〈内经〉为宗：人类学视域下拉埃维派的生态美学思想研究》中也曾依照法译汉通用规则音译为"拉埃维派"（"拉埃维派"为其未与作者充分沟通校对疏漏所致）。本文尊重 Lavier 意愿，并经贺霆教授"入乡随俗"之建议，用回该名。

②　"西方中医"特指西方居民在与中国内地基本隔绝的情况下，根据传统中医理论，利用自己的文化资源，顺应当地社会需求重塑而成的一类"中医"。特点是注重中国传统文化，异于我国现行体制内的"现代化"中医。参见贺霆《跨文化的中医——对法国社会的一次人类学研究尝试》，《跨文化研究》2007 年 3 月第 20 辑；《人类学视野下的中医西传——兼谈国内中医药走向世界战略研究》，《云南中医学院学报》2014，37（1）：86-90。

中国古代甲骨文中的医学信息作为理论基础，将自己独特的解读成果应用于临床实践。腊氏在世时所建之"中国针灸医学会"（SAMC），在西方声誉颇高，追随者亦众。腊味爱过世后，其弟子分为两支，一为古汉语研究，二为五运六气研究。他的弟子阿兰（Alain Mestrallet）医生则将所学应用于妇产科。阿兰为法国资深妇产科医生，自20世纪70年代末追随腊味爱学习针灸后，主要用针灸治疗妇科疾病、女性情志疾病，尤其突出的是自创了一套诊疗不孕不育方法，包括鬼穴的使用。

本文从人类学视角，阐述以阿兰医生及其弟子为代表的法国腊味爱派针灸师的从医背景、主要理论及针灸治疗特色，并从巫术、《黄帝内经》相关理论、生态美学等角度展开探讨，反思其对中医发展的借鉴意义。

一 腊氏针灸师入行背景

多年来，腊味爱派虽然以腊氏创立的"中国针灸医学会"（SMAC）为依托，按照腊氏大纲授课，陆续培养学生500多人，但嫡系弟子的培养模式还是跟师学习该学派从创始人腊味爱开始已传三代，招收培养弟子不需要特别考试，而是师徒之间彼此欣赏。比如，阿兰先生现在教授的两名弟子，都因仰慕其医术，拜入门下。弟子都是西医生，在临床中渐渐对中医感兴趣，于是投于腊氏门下。其中不少弟子已经考得针灸师文凭，但对学院式培养比较失望，觉得没有学到真正的中医，因此跟随腊氏。跟师学医，好比离开了大工厂的流水线，进入小规模的手工作坊，老师的技艺是独特的，对他们的指点也是有针对性的，虽然跟师也需要漫长的浸淫积累才能独当一面，但是腊氏弟子自觉学到了真本领，很是喜欢。同时我们了解到，在法国，民众对针灸的接受度很高，疗效得到肯定的医生往往患者盈门，这使得在当地口碑很好的腊味爱派得以传承。

二 阿兰医生的诊疗特色

（一）充分的医患沟通

第一步是例行问诊，详细了解患者病史、病情。比如，夫妇想要求子多久了，在此之前都做过哪些相关检查，具体有哪些明确诊断，女性患者的月经周期如何，有没有妇科疾病等。第二步是中医脉诊，同时给患者详细解释自己的诊断结果，会给患者进行哪些相应治疗。这里面最为有趣的是如果患者需要针刺鬼穴，医生会解释说，这是来自东方的秘法，连医生本人都不了解这个术法是怎么回事，所以如果患者接受治疗后遇到自己无法理解的现象，请不要惊慌，因为是治疗过程中必须经历的事情。所以患者要先想好能否接受这个治疗方案。经过这些交流，医生不仅能得到自己想要的信息，而且还能赢得患者的充分信任，由于决定权在患者，接下来的治疗中患者也会相当配合，不会和医生产生误会和纠纷。

（二）与身体交流

阿兰医生要求患者平躺仰卧于检查床上，双手交叉放于脑后，有意识地按压住自己的百会穴。医生一只手做探查，一只手则扶住患者一侧手臂，据说这是为了保障医生的气息和患者相通。阿兰医生对穴位的探究，分为募穴、法穴、神穴三组。之所以这么分，是因为他们有一个天、地、人三才立论的依据，而这个依据来源于一个古文字："𢎨"。腊味爱跟弟子们讲这是"孟子的 ren"：上一弧形为天，下一凸出为地，当中一横是人。而募法神三组穴位中，神穴（名称里有"神"字的穴位）代表"天"，即患者和天的沟通交流；募穴代表"地"，物质的身体；法穴（《针灸神书》之八法穴）代表"人"，涉及人际交流、社会关系、个人心理等问题。在按压穴位的过程中，患者可能出现的感觉有三种：痛、舒服、没感觉。痛，说明患者这个穴位相应经络得病为实证；舒服，说明这个穴位相应的功能范围不足，得了虚证；没感觉，说明这个穴位没病。一般而言，患者的身体虚实从募穴体现；患者的情感问题从法穴体现；先天问题（含患者先人或患者本身先天问题）从神穴体现。比如脐——"神阙"压痛，提示患者母亲怀孕时的负面记忆，阻碍了患者当下的受孕。

（三）与天地乃至"鬼神"的交流

根据查体过程中患者对医师按压的反应，具体确立治疗方案，实者刺之，虚者灸之，在医生的帮助下开启患者与天地能量沟通之门。而存在先天问题的患者，需要用针刺鬼穴的方法来进行。整个治疗过程并不复杂，阿兰医生用半寸短针在患者每个鬼穴上比画一下，不刺入皮肤，然后折成几段，放进托盘。虽然针并未进皮，针尖接近皮肤的一刻，敏感的患者却会觉得有刺痛从穴位传来。据阿兰医生介绍，老师腊味爱生前表示，这是通过针刺鬼穴给"鬼"压力，让它知难而退。最后一个穴位鬼封（海泉）穴，医生是请患者亲自将针折弯，投入托盘，以明确表达她对"鬼"的坚决拒绝。最后，医生在托盘倒入适量酒精，再用火柴点火，当着患者的面将这些残针烧掉，冲进下水道，治疗结束。

三 腊味爱派与《黄帝内经》

腊味爱派自称宗于《黄帝内经》，实际上该派确有一些认识甚或理论与《黄帝内经》一脉相承。比如之前诊断过程中《黄帝内经》以按之"快然"即舒服为虚，按之"痛甚"为实，而腊味爱派与之一致。而他们与《黄帝内经》在理论上的相通性中，最引人注目的为以下两点。

（一）"壬"与"王"

或许有人会质疑，由甲骨文阐发的理论是否有碎片化的倾向？腊味爱派以"𡥀"（Ren）字立论，涵盖天地人"三才"思想，将穴位分为募、法、神三组分析使用，从而成就了一套比较系统的思想。不过，考相关记载，并无文献提示孟子曾造这样一个字出来，也未见"人"有此写法。从其字形推测，𡥀当为"壬"。"壬"，《汉字源流字典》甲骨文作"工"，沟通天地义，金文作"工"，即在天地之间加了更为明确的指示，标识了人的位置。（谷衍奎，2008：86）《说文新证》在商代甲骨文中找到已有"工"（季旭昇，2010：996），并云："阴极阳生……承亥，壬以子生之叙也。与巫同意。"天地有阴阳，人也有阴阳，所以"壬"也有交通人体阴阳使其有孕的意思。作为腊味爱派妇产科医生，阿兰极为钟情该字的理由不言自明。

细查之，从词源学上，古汉语中还有一个字包含了"三才"理念。那就是"王"字。甲骨文王作"王"（宋镇豪、段志洪，2001：28），提示一个大写的人，顶天立地，与天地沟通，而这样的人便是"王"。而在《黄帝内经》中多次提及"圣人""圣王""天子""王""国"等字眼，并且运用大量暗示，强调医道本就是圣王之道。（王丽慧、贺霆，2016）同时《黄帝内经》中的王道也与甲骨文"王"字的含义十分贴合。比如它强调好医师就需要有天地人"三才"的开阔视野，而这样的医师本身就符合天子的概念。《素问·宝命全形论》："人能应四时者，天地为之父母；知万物者，谓之天子。"《灵枢·逆顺肥瘦第》更加明确地指出："圣人之为道者，上合于天，下合于地，中合于人事，必有明法，以起度数，法式检押，乃后可传焉。"此外，《黄帝内经》由《素问》《灵枢》两部书组成。根据俞正燮《癸巳类稿》卷六："素问名义，如素王之素。黄帝以大神灵遍索先师所习著之精光之论，仍复请藏慎传。古人刑名，八索九邱，素、索、邱，皆空也。刑病皆空设之，欲人不犯法，不害性，故曰汤液醪醴，为而不用。"也就是说，"素问"者，当含素王之意。所谓素王，实际指对天地之道有着深刻理解，并懂得如何遵从之，所以可以防患于未然，无为而治的圣贤。联系医学，素王思想指导下的中医，应该是强调中医遵从天地人三才之道，而能治未病，是最为理想的医学模式。

由此可见，"壬"和"王"，虽然并非同一个字，却殊途同归。后者以"三才"为视野，强调如此方为一个最成功的人，大写的人；而前者则以沟通天地人"三才"为术者职责，导出人体内的邪恶，使自然界的善美降到人的身上，并祝祷上天降下婴儿。

（二）"鬼"和"神"

在《黄帝内经》中，"鬼神"作为一个词出现时特指具批判意义的迷信概念。比如《素问·宝命全形论》："若夫法天则地，随应而动，和之者若响，随之者若影，道无鬼神，独来独往"，提倡医生挣脱鬼神之说，用科学的态度治疗疾病。《素问·五脏别论》亦言，对于那些迷信于鬼神之说的患者，不必与他们讨论医学道理："拘于鬼神者，不可与言至德。"但是"鬼"或者"神"字单独出现时，却具有客观含义。

"神"在《黄帝内经》有三层正面的含义：第一，不可捉摸的自然力量；第二，人类生命活动的外在体现；第三，人类的精神意识。对于第一层含义，在《黄帝内经》更多又表述为"道"，比如《素问·生气通天论》说善于养生的圣人会"服天气而通神明"，即为合于自然之道的意思。而至于第二、第三层含义，其实可以理解为把人体视为一个小宇宙的时候，处于与自然之力的"神"相类地位的人体小世界的"神"。因此无论单个的"神"字在《黄帝内经》具体语境中所指为何，地位都举足轻重。而单独的"鬼"，《黄帝内经》指的是外邪，而且是避无可避、具有强烈传染性的疫邪。比如《素问·刺法论》提到疫病之邪，即分别以黑尸鬼、青尸鬼、赤尸鬼、黄尸鬼等名命之："人病心虚，又遇君相二火司天失守，感而三虚，遇火不及，黑尸鬼犯之，令人暴亡，可刺手少阳之所过，复刺心俞。人脾病，又遇太阴司天失守，感而三虚，又遇土不及，青尸鬼邪犯之于人，令人暴亡，可刺足阳明之所过，复刺脾之俞。人肺病，遇阳明司天失守，感而三虚，又遇金不及，有赤尸鬼干人，令人暴亡，可刺手阳明之所过，复刺肺俞。人肾病，又遇太阳司天失守，感而三虚，又遇水运不及之年，有黄尸鬼干犯人正气，吸人神魂，致暴亡，可刺足太阳之所过，复刺肾俞。"显然，对于这些"鬼"邪引起的疾病，《黄帝内经》并未建议用祝由或者祝祷等巫术治疗，而是明确告诉人们可以针刺五脏相应的俞穴以治之。

甲骨文的神："𥘅"（宋镇豪、段志洪，2001：199），腊味爱派对这个古老中国文字的解读是，左边表示天上有一股力量降下，贯通于地，并分为阴阳二气；右边显示天上降下的这个力量如同一道闪电，农民的两只手无论如何都抓不住。这个从天上下来、人类无法捕捉的东西就是"神"。甲骨文的鬼："𤼲"（雷汗卿，2000：163）。国内学界一般认为这是一个戴着面具的巫师。与神相似，鬼本身也是无法具象的，只能由具备特殊能力的人代为表现它的存在。值得注意的是，欧洲本土中医并没有把鬼翻译成"ghost"。欧洲的"五行派"将"鬼"等同于"邪"，表达为"evil"，而腊味爱派则将其解读为"☠"，指出这是一种飘忽的乱码。它虽然属于邪，但特指表现怪诞，又怕神力，涉及精神层面的邪。神强，则鬼被逐而不存；神弱，则鬼内犯而为病。可见，腊味爱派对于鬼和神的理解与《黄帝内经》还是十分接近的，他们也认为神是不可捉摸的自然伟力；而鬼是一种邪，尤其特指某些涉及精神层面的邪。换句话说，不管神还是鬼，与西方信仰中的上帝魔鬼并不冲突，严格说来它们在腊味爱派认识中根本就无关信仰，而是相当客观的存在。

当然，《黄帝内经》毕竟是两千多年前的著作。如果腊味爱派只拘泥于这本古书，他们的未来是堪忧的。但实际上，他们一直在不断吸收古代中国乃至当代中医的理论、经验来丰富发展自身的理论。比如"鬼穴"一说并非来自《黄帝内经》，而是孙思邈引述的扁鹊之说。而募穴、法穴、神穴等诸多穴位的具体命名也并非来自《黄帝内经》，其中虽然募穴之说来自《黄帝内经》，具体十二募穴则经历了《难经》《脉经》《针灸甲乙经》等后世著作的不断补充完善才确立起来的；八个法穴出自宋代琼瑶真人的《针灸神书》；神穴更是来自历代医家的不断积累。而腊味爱派与《黄帝内经》最不一样的地方，恐怕还是对"巫"的态度。

（三）巫的返魅

腊味爱派的治疗过程可以明显看到"巫"的影子。首先，腊氏对于医师职能的理解与"巫"接近。他们强调术者的沟通能力，不仅注重患者与医生的沟通，更重要的是打算通过一定的治疗手段去沟通患者与自然，甚至是患者与病邪。甲骨文巫作"田"（谷衍奎，2008：392），系两个"工"（甲骨文的"壬"字）交叉而成。表示不仅沟通天地，还贯通南北，也就是说在上下左右四个方位都可以沟通交流。

其次，腊氏在治疗过程中极具仪式感。可以肯定的是，在专业医生出现前，巫医是兼具神职人员和医生这两种职能的特殊存在。巫医在诊断疾病时是采用占卜的方法探求病因，在治疗方法上一般采用祭祀、祈祷和巫祝等方法。（史兰华，1992：42）这些方法都离不开一套成熟的仪式。而阿兰医生认为，艾灸扶正的这个过程本身就好比一种仪式，不能有丝毫马虎。比如医生给患者用的艾条非常讲究。腊氏及弟子坚持在每年阳气最盛的夏至日，不辞辛劳到法国克勒蒙菲朗城的西面奥弗涅火山口周围采集野生艾草；然后不用机器而用手搓成艾绒备用——腊氏说这是为防止"金克木"。并且治疗时点燃要以火柴纯净的火，而不是石油气的打火机——那里出来的是"肮脏的火"。在治疗结束后，医生更是得认真洗手、拍打衣袖，表示要把不慎从患者那里沾染的邪祛除。再如，医生鬼穴治疗过程中烧毁残针，也有借用无情的烈火将邪祟（即鬼）彻底清除的仪式意味。

最后，在腊味爱派弟子的诊所里，时有道家咒符悬挂，也给这个流派平添了几分神秘的"东方巫术"气息。

如前，《黄帝内经》中巫和医已经有鲜明的分野，明确反对迷信活动。但是《素问·移精变气论》提到了祝由之术："余闻古之治病，惟其移精变气，可祝由而已。"方以智《通雅》认为，祝由又名"祝科"，在上古属于禁咒类，最早来自南越，汉代时还曾受到域外巫术影响："《内经》有祝由，徐文长引《物原》曰：禁咒名越方，汉武信南越，而禁咒方始"，"《后汉传》：赵炳善禁方。《汉书》有禁方。古有祝科，至汉通外国而更奇，如西域幻人之类"。（陈瑜，2007）从南越王墓目前出土文物看，禁咒之术本身就是巫术。（王芳，2007）至于西域"幻人"，是从西域传过来的术法，它后来逐渐发展为今天的魔术。由于有一定的致幻效果，术法当时也被方士用在巫术现场，如《后汉书·陈禅传》说："永宁元年，西南夷掸国王诣阙献乐及幻人，能吐火，自支解，易牛马头，明年元会，作之于庭，安帝及群臣共观，大奇之。"综上所述，《黄帝内经》记载的祝由之术也属巫术范围。它是以符咒、祝祷的方式，解除患者病痛的一种古老治疗方法。正因如此，《素问·移精变气论》只是一笔带过，并表示祝由在其成书时代已经不适用。

英国著名文化人类学家马林诺夫斯基认为，"凡是有偶然性的地方，凡是希望与恐惧之间的情感作用范围很广的地方，我们就能见到巫术。凡是事业一定，可靠，且为理智的方法与技术过程所支配的地方，我们见不到巫术"。（马林诺夫斯基，1986：77）。巫术的荒谬外表之下往往也隐藏着新的科学理论。所以即便当代，人类学家对于巫术活动的考察仍未间断。大陆中医眼中，祝由之术是以祝祷的方式辅导患者心理，从而激发患者自身自愈能力的一种方法。那么，腊味爱派是否也自觉地在以祝祷为虚，行心理调整之实呢？

四　错位生存

中医知识传入法国已有 700 年的历史，中医（主要是针灸）的临床应用则始于 20 世纪 30 年代法国外交官苏理莫昂（Soulie De Morant）。（何明星，2012）所以说，中医在法国历史悠久，民众对中医的接受度是相当高的。法国本土化的中医，是以什么样的形态存在着呢？我们不妨回顾一下腊味爱派临床实践的一些细节：全程没有消毒措施；检查身体是用最简单的按压法，或者用手指感知患者脉搏；诊所里悬挂道教符咒，甚至明确告诉患者，"鬼穴"是来自中国的神秘术法……不难想象，在基督教信仰的西方发达社会看来，腊味爱派具有相对原始的、难懂的神秘气息。

现代文明带给人们的并非都是享受，西方民众也想着返璞归真，从而远离现代文明的种种弊端，所以才会有《寂静的春天》（蕾切尔·卡逊，

2007）这样呼吁生态回归的作品出现。有异于现代医学的腊味爱派，凭借原始神秘的临床治疗得到人们青睐，也就不难理解了。而在腊氏医师看来，在宗教信仰的发达社会，人们灵魂深处仍旧有宗教和现代医学无法抵达的裂缝。作为补充替代，医学的中医因而有了发挥的空间。类似巫术的治疗手段，至少可以从心理角度解决两个问题。

第一，给患者一种敬畏之心。法国社会学家研究表明，法国民众对医生的尊重程度在近年不及以往。随着现代科技的普及和信息技术的发达，非医学专业的民众对很多医学问题也有一定了解。人们根据自己的理解去评判医生，使得医生丧失了一部分权威。

第二，激发患者的自愈心理。实际上，当代医学无论西医还是中医，在这方面都略有不足。人不是简单的生物的人，更是社会的人。心理问题不容忽视。而从案例看，腊味爱派最常涉及的领域多和心理有一定关系，甚至本身就是心理问题的疾病。当阿兰医生对患者强调这是来自东方的神秘术法，是正宗的中医，就给了对方一种古老的神秘感，激发了他心中对中医的幻想。同时，这种语言上的暗示，也不会与患者自身的基督信仰发生冲突，他们要解决的正是基督之外的信仰问题。

综上所述，腊味爱派对于《黄帝内经》的继承结合了其成书时的时代背景、文化背景。腊味爱派又借助这种与本国文化有着巨大差异的文化背景，在现代医学占统治地位的法国错位生存。故而阿兰医生及其弟子明确指出，他们在临床使用中医并不是为了与西医争短长，只是为了探寻一种不同于西医的治疗方法。

五　生态美学观照

生态美学是从生态角度，以整体性思维方式审视、构建美学，并运用这种美学理论来思考人类生存问题的一门新兴学科。（党圣元，2010）因此生态美学具备整生之美，即生态审美是联系地打量世界的。怀特海认为物体之间关系的区别依靠知觉："肯定地说，不论任何物体，虽然它可能没有官觉，但却一定有知觉……不论这物体是改变他物的还是被改变的，在行动之前总有一种直觉存在，否则物体彼此之间的关系就会毫无区别了。"（怀特海，2012：79）腊味爱派秉承《黄帝内经》的理念，认为物体之间的联系依靠同气相求。譬如属于天的神穴就必然容易得到来自天的气，属于地的募穴则受地气的影响，人际关系对身体的影响必然会体现在法穴上。这种自觉的归类从属，全凭同气之间的感应。

形与神、人与自然、人与社会、腊味爱派与西医，都具备和谐共生之美。阿兰认为，他像一个农民，并没有创造什么，只是引导着更美的生命绽放更多的奇迹。而这个奇迹，是以天、地、人"三才"为度，追求医患和谐、身体内外和谐、人与天地和谐的结果。在协调各方面关系的过程中，交流是腊味爱派最主要的手段。比如，鬼穴治疗的过程中，医生不止给了患者参与的机会，甚至也给了"鬼"参与的机会，希望"鬼"看清形势，自愿从患者的身体离开。整个治疗过程有患者、术者，甚至有作为病邪的"鬼"共同参与，在医生的沟通下，指向最终的和谐之美。

腊味爱派观念中，这种美的基本载体，现实的实有就是人类的身体。诚如《黄帝内经》早在两千多年前就论述的那样，生命的健康表现在外就是美。（王丽慧，2016）苏珊·桑塔格曾在 20 世纪 60 年代提出，"In place of a hermeneutics we need an erotics of art."（Susan Sontag，1990：14）通过诠释学推测艺术真谛的时代已经过去，人们需要的是更为直观的、可以体知的美学。而腊味爱派所运用的美学恰恰是直观的、明了的，不需要模棱两可的阐释，就能让人感知到、体验到。阿兰医生说，他像农民那样通过每天的辛勤劳作，从患者身上领略一种美。当患者赤裸着侧身躺在检查床上等待他探查的时候，就像一把美妙的大提琴。这也是一种贴近生活的生态之美。作为实有身体，在医生的帮助下，通过感官和语言与天、地、人发生联系，实现与世界的和谐共生。同时，身体又是形神统一的。因此腊味爱派的审美又不仅仅局限于身体，因为它以一种自在的优雅弥散在腊味爱派的精神世界。阿兰医生对患者说，放松心态，不要拘泥，生活本来应该是随心所欲的。患者视阿兰医生如灵魂导师，向他倾诉生活中各种难言之隐，对医生的嘱咐格外尊重。恬淡、无为、不拘一格，阿兰医生独特的人格魅力，恰是生态美学在精神层面的体现。

结　语

综上所述，腊味爱派作为法国本土中医的一支，以中国古文字为依托，立足天地人"三才"，不仅有着显著的临床效果，且形成了一套相对独立的理论体系。从人类学视角看，至少我们看见了沿袭《黄帝内经》

理论、结合巫术的另一种形态的中医。它的理论模式可以为国内中医提供新的视角。

从审美的角度看，当代美学向着生态的方向发展已经是大势所趋。而腊味爱派的中医为我们提供的是切近生活的、与身体密切相关的生态之美，它以天地人"三才"为纲，直观而平易，给生态美学提供了新的范式。在这里，可以看到腊味爱派巫的一部分，人的身体内部、人与自然、人与社会、患者与医生等多种关系的和谐，实有之间和谐交流，与生态审美重合。从中医治未病的角度看，未来社会里民众生活方式的调整对健康影响巨大。如果有意识地引导人们从生态审美的角度领略生活的乐趣、调整个人行为，对其健康必然有积极影响。

诚然，国内中医学者们也会担心，腊味爱派对甲骨文的解释太过随意，而以形索义本来应该有大量翔实的语言材料作证据，否则就必然沦为"望形生训"。（宋永培，1998）腊味爱派的针灸实践之所以管用，无非也是因为沿用了祖先甚至东方文化圈内韩医、日本汉医等留下来的诸多经验穴位。如此一来，他们根据甲骨文发展来的所谓理论不过是粗陋的摆设而已，这种质疑不容忽视。腊味爱派如果想发展出切实理论，就需要对中国古文字进行严谨的考证，而不是天马行空的随意阐释。

参考文献

中文

陈瑜：《清代〈内经〉名物考据成就说略》，《中医文献杂志》2007 年第 1 期。

党圣元：《新世纪中国生态批评与生态美学的发展及其问题域》，《中国社会科学院研究生院学报》2010 年第 3 期。

顾宏义、黄国荣：《中国方术史话》，中国国际广博出版社，2010。

谷衍奎：《汉字源流字典》，语文出版社，2008。

何明星：《"不破不立"，中医在法国的传播与接受》，《出版广角》2012 年第 4 期。

〔英〕怀特海：《科学与近代世界》，何钦译，商务印书馆，2012。

季旭昇：《说文新证》，福建人民出版社，2010。

雷汗卿：《〈说文〉示部字与神灵祭祀考》，巴蜀书社，2000。

〔英〕马林诺夫斯基：《巫术科学宗教与神话》，李安宅译，中国民间文学出版社，1986。

潘黎勇：《论"以美育代宗教说"与蔡元培审美信仰建构的世俗性》，《文艺理论研究》2012 年第 2 期。

　　史兰华：《中国传统医学史》，科学出版社，1992。

　　宋永培：《训诂方法新论》，《华东师范大学学报》（哲学社会科学版）1998 年第
4 期。

　　宋镇豪、段志洪主编《甲骨文献集成》，四川大学出版社，2001。

　　王芳：《从南越王墓看西汉南越国的医疗观念》，《文物春秋》2007 年第 2 期。

　　王丽慧、贺霆：《〈内经〉为宗：人类学视域下拉埃维派的生态美学思想研究》，《中
华中医药学会第十六次内经学术研讨会论文集》，2016。

　　王丽慧：《〈黄帝内经〉中的身体美学》，《江西社会科学》2016 年第 2 期。

　　张鸿恺：《先秦至汉初〈老子〉思想之发展与变迁》，万卷楼图书股份有限公
司，2009。

　　〔美〕蕾切尔·卡逊：《寂静的春天》，吕瑞兰、李长生译，上海译文出版社，2007。

英文

　　Sontag，Susan

　　1990. *Against Interpretation and Other Essays*，New York，Picador.

◎学术评论

评《中国人的宗教生活》[*]

贾舞阳

《中国人的宗教生活》（*Chinese Religious Life*）一书由宗树人（David A. Palmer）、夏龙（Glenn Shive）和魏克利（Philip L. Wickeri）共同编著而成，是一本研究中国民众宗教信仰与实践的文集，书中收录的文章曾于2007 年在香港中文大学举办的国际会议上被讨论，当时会议的主题为华人社会的宗教与社会整合（Religion and Social Integration in Chinese Societies），旨在探讨如何用社会学的方法研究华人世界的宗教问题。（Michael Saso，2012）该书于 2011 年由牛津大学出版社出版，并于 2014 年由香港大学出版社出版了中译本。

全书分为四大部分：宗教表现形式（Ways of Being Religious）、文化和社会（Culture and Society）、政治和经济（Politics and Economy）以及全球视野（Global Perspectives），此种分类方法，以文化、社会、政治、历史脉络为背景，对中国人丰富多彩的宗教生活进行了全面介绍，通过强调中国人的"宗教实践"而非关注宗教的教义、信仰体系来理解中国宗教，为读者提供了一种有别于传统宗教分类方法的启发模式。十三个章节的撰稿人是全球研究宗教问题的知名学者，内容涉及城市、乡村、少数民族多个地区，包括人体、性别、环境、慈善各个方面，覆盖了历史学、社会学、政治学和经济学等不同学科领域的观点视角。

该书的第一部分描述和分析了华人世界宗教信仰的各种表现形式。第一章由范丽珠、白大诚（James D. Whitehead）撰写，主要介绍了深圳居

---

* 本文系国家社科基金后期资助项目"他性与族群本体：中国西部社会的超越性"（20FSHB001）的阶段性成果。

民的精神生活。深圳作为毗邻香港的新兴大都市，改革开放以来，吸引了大批全国各地年轻人的到来，在这个世俗化程度高的现代城市，越来越多的人从传统的道德和宗教中寻求精神支持，满足心理上的需要并以此应对现代化带来的现实生活中的各种问题。在宗教信仰实践中，人们并没有简单重复中国农村的宗教生活，而是增强了宗教信仰和实践的自主选择性，他们从佛教、道教、儒教、基督教等不同宗教观念中汲取营养，并对其加以改造，创造出各种全新的宗教实践形式，拥有共同信仰的人经常聚集在一起，组成松散的联系网络，在新的意识层面上互相支持与鼓励。

第二章把主题转向了中国农村地区的祭拜活动和节日。谭伟伦（Wai-lun Tam）认为，关于中国人的宗教情感和行为，不能从儒、释、道"三教"的角度来理解，这种符合西方中心主义价值观的理解方式是对中国这一具有非西方宗教特征的误读。在中国可以说"只有风俗，而没有宗教"，而在广阔的农村地区，更是"五里不同风，十里不同俗"，所以研究中国宗教，要把其放在自身的环境当中，研究农村地区的宗教生活，更要注意到其文化的多样性和复杂程度。中国农村的宗教生活主要包括两个方面：季节性的祖先祭祀活动和在本地庙宇里举行的宗教庆典，前者代表了乡村生活的私人空间，后者体现了超越家庭和宗族生活的公共生活面向。一年中有"平时"（ordinary time）和"节庆"（festival time）两种状态，在平时生活中人们正常劳作，在节日庆典时尽情欢腾。中国农村地区的宗教活动是中国传统的重要文化资源，不仅代表了一种珍贵的非物质文化遗产，更有助于丰富世界文化的多样性应对由经济全球化带来的文化趋同问题。

第三章中，魏克利和谭冀辉（Yik-fai Tam）概括地探讨了中国少数民族的宗教信仰和实践方式。历史上，少数民族被视为文化和宗教上的"他者"。受历史传统的影响，大多数少数民族都保有自己的本土宗教特色，宗教实践具有多样性，文章以纳西族的东巴教、藏族的藏传佛教、维吾尔族的伊斯兰教、苗族的基督教为例，具体展现了少数民族宗教生活的多样性。这种多元主义，一方面为少数民族族群间增进了解提供了契机，另一方面也为不同宗教的相互交流增加了难度。同时，经济全球化也为文化间的对话带来了诸多机遇和挑战，少数民族宗教对此的应对方式成为讨论中国宗教问题的重要方面。

第四章，周越（Adam Yuet Chau）对中国宗教发展史上各种"做宗教"的模式（modalities of doing religion）进行了归纳和总结，试图以一种更加清晰的方式来呈现宗教实践的演变和发展，在周越看来"做宗教"的模式可大致分为以下五种：

（1）话语/经文模式（Discursive/scriptural），主要依靠文本的创作和使用；

（2）个人修炼模式（Personal-cultivational），需要涉及自我培育与提升的长期兴趣；

（3）仪式模式（Liturgical），由仪式专职人员主持繁复的仪式程序；

（4）即时灵验模式（Immediate-practical），旨在利用简单的仪式或法术得到立竿见影的效果；

（5）关系/来往模式（Relational），强调人与神（或祖灵）之间的关系以及宗教活动中人与人之间的来往。（周越，2009）

这种对宗教信仰实践归类的方法，不再着眼于人们的宗教观念和信仰内容，也突破了以往研究者长期以"三教"来区分中国宗教的框架。现实中发生的宗教信仰活动，更多的是地方习俗、历史实践、社会环境、个人偏好等因素交互影响下的产物，很难用一种宗教信仰去解读，宗教文化纷繁复杂，也无法进行简单归类，所以对历史上出现的有限的"做宗教"模式的研究便成为一个新颖的突破口。作者也指出，在关注模式本身的同时，对模式中具体内容的研究也十分重要，并且说明对"做宗教"模式的划分是被规范化了的理想类型，各种模式之间也会出现交叉重叠的现象。

第二部分的四篇文章从宗教的视角讨论了文化和社会问题，首先是宗树人（David A. Palmer）对人们身体与宗教关系的探讨，在西方文化里，锻炼身体的各种运动往往是机械性的，和生活的其他方面没有关联，但是在中国，人们练习强身健体之术，除了希望改善身体健康状况外，还希望能修身养性，达到更高的精神境界和智慧。中国传统的锻炼技巧诸如武术、太极拳、气功等，都与宗教有着密切联系，比如中国著名的武术训练中心少林和武当，是佛教和道教圣地；修习气功的人，会被告诫要关心他人、普度众生，而佛教、道教的得道高人通常在气功上有很高的造诣和修为。中国传统的锻炼技巧之所以与宗教现象和道德生活有关，是因为中国传统把人的肉体视为神圣的存在，中国的宇宙论也把精神和肉体视为有机的统一，这种思想通过人们从鬼魂、神灵、轮回、风水、阴阳失调等角度解释生病的原因便可见一斑。

随后黄倩玉（C. Julia Huang）、阿琳娜（Elena Valussi）、宗树人从宗教生活的角度探讨了性别与两性关系。中国民间信仰包括两类神明：一种是有地域和等级区分的男性神灵，另一种是跨地域的楷模式的女性神灵，前者如玉皇大帝、城隍、土地等，是阶序、权威、合法性的代表；后者如观音、妈祖、无生老母，经常与包容、慈爱和母性象征相连。在这些女神形象中，两性关系和妻子的角色均为空白，哪怕唯一被肯定的母亲角色也不是通过生儿育女实现的，这种强调母性、淡化两性关系的做法，使得女性在民间信仰中的性别角色被重新构建。传统的儒家文化中，性别角色从家庭和家族的角度来定义，受父权制的影响，女性要通过结婚生子、为夫家传宗接代才能在家族中获得地位，被后代祭拜，而在宗教活动里，妇女的活动范围也只被局限在家族之内，无缘参与大型的社区宗教活动。于是在不违背世俗规范的前提下，妇女们组织起俗家佛教团体，通过诵经念佛发展佛教信仰，为其在更广阔的公共生活领域活动创造空间。20 世纪 80年代的宗教复兴运动中，妇女在很多情况下都处于领导地位，除了成为信徒或者出家修行外，还积极组织各类福利慈善活动，成为宗教复兴的重要角色。通过以上各种宗教实践，妇女克服了其在传统社会中社会角色的内在矛盾，创造性地参与宗教事务，在尊重父权制社会结构的同时，探索和转换着性别认同。

第七章涉及中国的宇宙论与自然环境的关系。魏乐博（Robert P. Weller）指出，中国历史上存在着多种思考自然环境问题的方式，这些关于人与自然关系的思考都和宗教观念密切相关，如道教提倡的"天人合一"观念，认为人是自然的一部分，与世间万物融为一体，应该对自然中的神秘力量充满敬畏；而在佛教文化里，珍爱生命、因果轮回、戒除贪欲等原则，鼓励着佛教徒在生活中崇尚节俭、减少欲望、善待万物；儒教则把环境与政治统治联系在一起，自然灾害被视为上天对统治者昏庸无道的警示，这些与宗教相连的环境观深入人心，至今仍对中国人的生活产生着持续的影响。

19世纪末以来，受西方人与自然相互对立和分离的自然观的影响，中文的"自然"二字被赋予了新的内涵，新的自然观成为中国决策者的指导思想。中国的环境政策放弃了古代"天人合一"的宇宙观和儒、佛两教关于自然的观点，采取了西方的世俗主义思路，这种观念下人类文化与自然环境互不相容，使自然环境遭到了巨大破坏。中国的环境思想在人们的日常生活中保持着旺盛的生命力和丰富的多样性，这对于适应不断变化的世界也是一种有力的手段。

第八章是关于宗教中的慈善活动。安德瑞（André Laliberté）等人跳出了西方研究和理解慈善的视角，向读者介绍了历史上中国人理解慈善事业的不同方式。在中国的文化语境中，"慈善"一词与伦理和宗教意义有关，虽然"慈善"和"宗教"是现代社会才出现的概念，但类似宗教慈善事业的行为却自古有之。传统社会中，中国的各类宗教组织以其对社会广泛的影响力推行着慈善救济和社会服务活动。儒教以"仁"的思想观念为依托，鼓励人们多做善事、承担社会责任；道教则在发展中药和中医理论的过程中免费为贫困百姓看病施药；佛教教人常怀有悲悯之心，积极组建各类慈善团体；另外，受"仁"和"慈悲"等概念的启发，各种民间信仰组织在糅合了儒、道、佛三教元素的基础上，也在为社会提供多种形式的慈善服务。在当代社会，基督教的传入带来了教育、医疗、娱乐等与慈善活动相结合的现代观念，中国传统宗教也在积极探索新的慈善模式，以期为社会提供更高效率的服务。

第三部分是关于宗教生活中与政治和经济相关的主题。宗树人在第九章中概述了中国宗教的历史发展脉络，认为当今华人世界宗教信仰和实践的多样性，是以往各时代传统相互叠加的产物。从商代的祖先崇拜开始，到周朝的天命观、战国时期的阴阳宇宙论，以及儒家的"礼"、道家通过炼丹以求长生不老、唐宋时期把道德和市场文化相结合的商业交易等，历经了数千年的发展之后，每个时代的社会和政治特征都在宗教文化上留下了自己的痕迹，形成了一个复杂的宗教信仰体系。直到19世纪初，随着晚清的衰败，西方列强的入侵，传统秩序受到了天主教和基督教的猛烈冲击，现代性突然闯进了中国宗教史，一个新的信仰空间被缔造出来。但是以往的历史主题仍然影响着当今华人世界的宗教生活和社会政治关系，同时因全球化的进程而走向世界。

第十章中，高万桑（Vincent Goossaert）把目光聚集到近代中国社会，讨论了 20 世纪中国宗教社群的社会形态，儒教、道教、佛教各司其职，一起服务于社会民众。与"三教"代表的"精英阶层"宗教相对的，是在地方庙宇和社群中流行的"民间信仰"，社群有家庭、宗族、地域社区、行会和祭祀团体等多种形式，和庙宇一起构成宗教机构的主导。这些社群设有祭坛，用来祭拜祖先、守护神或其他神灵，人们参与宗教活动的主要标准并非信与不信，而是看其归属于某个社群。如此一来，在 1900 年之前，中国的宗教景观数量众多、百花齐放，各种独立的社群组成了当时主要的宗教景象。

安德瑞在第十一章政教关系的当代议题中，探讨了中国历史上，历届政府如何管理宗教的问题。与西方"政教分离"的特征不同，中国呈现一种复杂的模式，在这种模式下，国家宗教的关系会呈现两种极端，或和谐共存，或相互敌对。当处于共存关系时，国家支持宗教活动，宗教也会通过举行公共仪式支持国家政权；而在敌对关系中，宗教成为挑战国家政权合法性的潜在威胁，国家也会在宗教运动表现出不同政见时对其进行治理，如对邪教的处理。还有处于中立状态的"漠然地带"，宗教活动虽没有得到官方正式承认，但却得到了默许和容忍，如中国的民间信仰。

第十二章描述了中国市场经济背景下的宗教复兴，在计划经济时期，宗教活动受到了政府的严格管制，民间宗教活动则被视为"封建迷信"。人们在教育系统和媒体宣传中，在单位制的管理下，逐渐相信宗教信仰已失去存在的理由。而改革开放后，中国开始从计划经济向市场经济转型，宗教信仰和实践得到了恢复和发展，与此同时，市场经济的不确定性使人们产生了治疗、意义和归属感的需要，纷纷转向宗教寻找答案，信教者不仅消极地接受宗教意义，也对市场经济进行了创造性回应，通过"宗教搭台，经济唱戏"，在为当地带来旅游收益的同时，也促进了宗教的传播与发展。韦伯在百年前，便提出了关于新教理论与资本主义精神之间关系的重要论述，认为两者之间内在的亲和性是现代理性资本主义出现在西方而不是其他地区的重要条件。（韦伯，2007）这一论述也启发了儒教传统或宗教文化对中国市场经济影响的思考，有关此问题的回答仍待进一步探讨。

最后一个章节，赵文词（Richard Madsen）、史家来（Elijah Siegler）探讨了全球化背景下中国宗教的发展趋势，随着华人移民海外，中国宗教也扩展到世界各地，成为凝聚华人、组建社团、促进族群认同的重要资源。中国宗教融入不同的社会环境，其中一些内容在西方人的灵性生活中获得了认可：《道德经》《易经》等广受推崇，冥想、太极拳、少林拳等日益成为全球流行的修炼技巧，这些宗教内容被西方吸收和同化，加以改造后为越来越多的国家和人民认识和实践，很好地满足了西方个人主义的精神需求。同样，西方宗教如基督教在传入中国后也被中国文化改造，亚洲和西方通过宗教文化进行交流和互动，中国的宗教和传统文化在全球化过程中既是接受者也是施予者。

总体上来看，该书从与政治、经济、文化相关联的社会层面出发，对中国人的宗教生活进行研究，重点在于展现宗教在当代中国的公共生活中的表现，以及不同社群的宗教实践如何影响其中的个人和家庭生活。该书最为独特之处在于对中国人宗教生活的研究，并没有按照忏悔共同体（confessional community）的方式分类，将其以宗教制度为标准，分为基督教、天主教、佛教、道教、伊斯兰教五大建制宗教，或是分出一个令人疑惑的"民间宗教""民间信仰"，而是按"宗教实践"分类，在四部分中分别探讨了华人世界宗教信仰存在方式、宗教与社会文化的关系、宗教与政治经济的关系，以及全球化视野下的中国宗教。

这意味着编者试图超越常见的宗教研究方法，摆脱英文社会科学以基督教为模板的宗教研究路径，寻求一条从实践出发，从行动者本人的意义出发，探索中国宗教的研究路径。很显然，中国很多宗教实践，无法用"五大宗教"和"民间宗教"来概括，因为存在大量诸如念经、祭祖、占卜、看风水、看相、算命等准宗教、类宗教、半宗教的实践形式。"将中国宗教图景分为'五大宗教'以及围绕'民间信仰'、'儒教'的合法性讨论，不过是近代知识精英与政治精英的一场充满张力且不太高明的'合谋'，也是把近代欧美社会的范畴套用在中国社会的结果。这种分类方式并非毫无意义，但这种分类仅仅是'国家的视角'，由于它追求简化，更由于它是一种国家建设计划的产物，所以会导致'地方知识'的

流失。"（梁永佳，2015）而《中国人的宗教生活》一书，无疑对超越现有分类范式，提出更有力的本土理论具有重要的启发意义。

参考文献

中文

梁永佳：《中国农村宗教复兴与"宗教"的中国命运》，《社会》2015 年第 1 期。

〔德〕韦伯：《新教伦理与资本主义精神》，康乐、简惠美译，广西师范大学出版社，2007。

周越：《"做宗教"的模式》，《温州大学学报》（社会科学版），孙非寒译，黄涛校，2009 年第 9 期。

英文

Palmer，David A.，Shive，Glenn and Wickeri，Philip L. eds.
2011. *Chinese Religious Life*，Oxford University Press.

Saso，Michael
2012. Chinese Religious Life ed. by David A. Palmer，Glenn Shive，and Philip L. Wickrt（Review），*China Review International* 2012，19（4）：658-660.

人类学与宗教美术史研究[*]

——试论巫鸿的研究特色

陈粟裕

摘 要 受其老师张光直启发，巫鸿率先将宗教人类学的方法引入中国美术史的研究视野。他使用的"多重证据法"，预设了观看者，并通过历史文献与考古材料重构了宗教仪式，使得我们能够更清楚地"还及"当时的文化与语境来看待中国古代的宗教现象。其后，学者们在巫鸿的研究基础上，在中国美术史与宗教学领域取得了丰硕成果。

关键词 巫鸿 宗教人类学 多重证据法

芝加哥大学东亚艺术研究中心主任巫鸿教授长期以来致力于中国古代墓葬、宗教艺术的研究，其著作翻译成中文的有《礼仪中的美术——巫鸿中国古代美术史文编》（巫鸿，2005）、《武梁祠：中国古代画像艺术的思想性》（巫鸿，2006）、《美术史十议》（巫鸿，2008）、《中国古代艺术与建筑中的纪念碑性》（巫鸿，2009）、《时空中的美术——巫鸿中国古代美术史文编二集》（巫鸿，2009）、《重屏：中国绘画中的媒材与再现》（巫鸿，2009）、《黄泉下的美术：宏观中国古代墓葬》（巫鸿，2010）、《废墟的故事：中国美术和视觉文化这中的"在场"与"缺席"》（巫鸿，2012）、《宝山辽墓：材料与释读》（巫鸿，2013），由他主编的论文集有《汉唐之间的宗教艺术与考古》（巫鸿，2000）、《汉唐之间文化艺术

---

* 本文系中国社会科学院创新工程"学者资助计划"2022 年青年学者资助项目"于阗佛教艺术研究"（项目号：XQ2022001）的阶段性成果。

的互动与交融》（巫鸿，2001）、《汉唐之间的视觉文化与物质文化》（巫鸿，2003）、《古代墓葬美术研究》（巫鸿，2011、2013、2015）等，这些作品在美术史、考古学界均产生重要影响。巫鸿利用人类学、考古学的方法进行宗教美术研究，在图像学与风格学之外开拓了新的学术视野。

在研究方法方面，[1] 最值得称道的是他引入人类学视角对材料进行重构与重新审视。从《武梁祠：中国古代画像艺术的思想性》到《宝山辽墓：材料与释读》，巫鸿的研究对象与使用材料在其之前都已有悠长的研究历史，如对武梁祠历代的著录与研究本身就是一部"学术史学史"，而巫鸿却能另辟蹊径，这与他的学术背景，尤其是张光直教授的影响有着密不可分的关系。

一 张光直与人类学、考古学的跨界

1979 年，巫鸿申请到哈佛大学人类学系，师从张光直，据巫鸿陈述：

> 在哈佛我读了人类学和美术史博士，七年的连续学习和写作终于大致弥补了以往治学中的断裂和漏洞。这七年中张先生是我的主要导师，我修过先生的六七门课，做过先生的助教，所写报告、论文的十之七八也都由先生读过评过。（巫鸿，2002：77）

张光直的一大学术贡献就是将文化人类学的视角和方法应用在中国考古学领域，这种新的研究方式与特殊的时代和身份背景有关。20 世纪60 年代，美国考古学界开始对传统文化历史的理论框架提出挑战，提倡考古学科学化，以人类学尤其是生态人类学的观点去做研究，张光直积极参与了这场美国考古学的大辩论，他指出：

> 我们不应忽视文化传统对行为所产生的指导性作用。换而言之，在同样的生态环境下，在同样的技术发展水平下，不同文化背景的人

---

[1] 关于巫鸿研究方法，国内学者的研究主要有：李翎（2002：53-55）；刘晓达（2012：106-112）；李佩玲（2013：62-63）；姜永帅（2013：78-79）；吴文洁（2013：97-99）；潘卓、吴新蕊（2016：56-57）。

对同样问题会有不同的解决方法。……今天的人类考古学家（anthropological archaeologists），主张物质与思想并重，用全面的方法去研究问题。（李润权，2002：5）

这段论述中，张光直强调文化背景、生态环境对考古出土物的影响，由此扩大到对原有考古学研究方法的反思。引入人类学方法研究考古，在美国这一移民国家有着特殊的意义。从不同的民族背景、思维方式入手，而不是简单地用同一种方法与视角看待世界各地的考古现象，这有利于更为细致、精确地把握出土文物的特征，如张光直这样描述中国古代文明：

有城市、有国家、有文字、有伟大艺术的新社会的产生，不是生产技术革命的结果，而是逐渐通过政治秩序所造成的财富极度集中的结果。这些政治秩序包括宗法制度所造成的政治等级，宗族与武力的结合，以战争为掠夺征服的工具、独占巫师以沟通天地之法器的艺术品等等。（张光直，1995：49-50）

这种完全不同于西方的社会结构与文化背景，形成了中国古代独具特色的物质文化，中国的宗法性社会特点被勾勒得明显而突出。这种将社会特色、宗教特色与物象相互联系的研究方法，在宗教人类学中也是极为常用。如庄孔韶主编的《人类学通论》将宗教人类学定义为"把宗教与人、与社会相联系，从人的生物性和社会性出发，结合社会科学和社会科学的最新研究成果，全面理解和阐释人类社会和人类自身"。（庄孔韶，2004：389）张光直在考古学与人类学之间搭建起一座桥梁，一方面赋予考古出土物以更为准确、合理的解释，另一方面也拓展了人类学的研究对象。

需要指出的是，张光直能够关注到不同区域的文化与背景对考古学的影响，与其身份有着密不可分的关系。1969年，张光直在给香港中文大学郑德坤的一封信里写道：

我们研究人类学，对于文化与人的关系应该有点认识，各民族各有他们的文化。文化就像空气一样是生活的要素。不幸我们处于动荡的时代，流落海外，年暮思乡，每感他国的文化与我们的不一般……

因此把一些思想系统化，一方面讲给学生听，一方面拿来和海外难民互相讨究。（张光直，1995：13）

1930 年，张光直生于北京，抗战胜利后随家人移居台湾，在台湾读完大学后赴美求学，而后在美国任教多年。颠沛流离的经历使其对故土的文化、历史有着特殊的敏感度，而身在美国势必会面对不同的文化与思潮，这也造就了他能够在多元、多维度的比较中把握中国文化的特征。正如同样寓居海外的普林斯顿大学教授方闻所说：

美国的艺术考古学对美洲土著文化所具有的"他者"身份，从而使考古学研究带有强烈的人类学色彩。可是人类学并不从鉴定艺术作品为研究出发点，它用感受（reception）来研究古物的"文化传记"，这是"相对"的、"后历史"的一种看法。因为"土著文化"没有历史上的记载，所以"人类学"在学术定位上基本就是"非历史性"（ahistorical）的。我们研究"视觉艺术语言结构"，要说明世界各种文化都具有"本土化"的特征。（方闻，2016：221）

在全球化的背景下，如何切入世界各地的文化之中进行图像研究，确实是一项艰巨而复杂的任务。巫鸿正是继承了张光直的跨界、注重区域文化的研究特色，并将之引入中国美术史的研究，从而打开了新的视角与领域。

二　多重证据法与美术史研究

随着学科的发展以及与多学科的交叉，文化人类学逐渐延伸成一种多元、复杂的学科。而宗教人类学作为其重要分支，除了关注信仰本身，还注意到仪式过程和参与这些活动的人群。巫鸿将之推广到中国古代的宗教艺术研究，在王国维先生以文献与考古为中心的"二重证据法"基础上，融合了美术学、文献学、考古学、人类学，形成了"多重证据法"。

这一方法的最初实践是其博士学位论文《武梁祠：中国古代画像艺术的思想性》，巫鸿利用文献探讨了以武梁本人为中心的武氏家族的信仰与生活状态，讨论了这些思想对于武梁祠设计、图像安排的影响，而这些思想本身又是包含在汉代的儒教群体之中。除了对设计建造者的考证之外，巫鸿还讨论了汉代葬仪的五个部分"发丧、奔丧、吊丧、会丧、送丧"与祠堂使用的关系。（巫鸿，2006：243）巫鸿利用历史资料还原了以祠堂为中心的汉代丧葬仪轨。仪式与仪轨是宗教人类学常见的研究对象，该书使用文献学研究历史资料、利用图像学讨论美术作品，最终用这些历史、考古材料构建了人类学的问题。

这种包含了多种学科的跨界研究，在另外两篇关于佛教美术图像研究的论文中，有着更为明显的呈现。

完成于 2001 年的《敦煌 323 窟与道宣》展示了一种佛教艺术研究的新方法："建筑和图像程序"（architectural and pictorial program）。（巫鸿，2005：418）巫鸿将在南北两壁绘制了大型佛教史迹故事和戒律图像的莫高窟 323 窟，称为一个在石窟设计上引进了新样式的"原创性"洞窟。通过对南北壁面八幅关于隋唐之前佛教东传故事的解释与西龛主尊为"凉州瑞像"的判断，巫鸿认为这一洞窟有着独特的设计理念：图像的识读有着明确而严格的程序，其对应的文本即为初唐律宗高僧道宣撰写的《集神州三宝感通录》。这篇文章第一次提出了敦煌石窟图像的设计理念与图像程序。图像学展现出的每一幅图像的内涵如同人类学中群体活动的单个现象，将之统摄起来，利用某个文本进行解读，则是对现象的梳理与研究。与《武梁祠：中国古代画像艺术的思想性》的书写方式一样，巫鸿用历史性的图像材料替换了现代人类学研究中的单个现象与个案，最终将图像的解读放置于某一具体的文化背景或信仰理念之下。

《敦煌 323 窟与道宣》展现的是巫鸿关于单个洞窟理念解读的尝试，另一篇关于凉州瑞像的讨论《再论刘萨诃——圣僧的创造与瑞像的发生》则在一个相对较长的时间段中，通过对多个不同人群的考察，包括写作刘萨诃因缘故事文本的高僧、凉州地区崇拜瑞像的民众、敦煌石窟中传写、图绘瑞像的工匠等，讲述了刘萨诃被逐渐圣僧化以及番和瑞像这一宗教性图像诞生、完备的过程。在这篇文章中，片断式的历史文献与敦煌石窟图像被组装起来，形成一段完整清晰的历史。

从这两篇文章中，我们可以发现就材料本身而言，一段叙述完备的宗教美术史材料与当代宗教现象有着相似之处，同样都由经典（文本）、信仰人群、仪轨组成。在此基础上，巫鸿借鉴了宗教人类学的方法。对两个

个案进行了成功的解读

三　观者、观看与人类学视角

把宗教人类学的方法引入美术史的研究，除了"多重证据法"，巫鸿还特别强调了观者和"观看"。

由于摄影技术的发展以及近年来对宗教美术研究的重视，全国各地的重要石窟都出版了精美的画册。以敦煌石窟为例，我们可以从这些年来出版的重要画册的分类方式看到研究重点的变化。《中国石窟·敦煌莫高窟》（五卷本，敦煌文物研究所，1989）采取了按照年代排列的方式，精选每个时期的优秀壁画、雕塑进行编排。同样采用时间排序的还有《中国美术全集·敦煌壁画》（八卷本，中国美术全集编委会，1989）、《中国壁画全集·敦煌莫高窟》（中国壁画全集编委会，1992）。此外，《敦煌石窟艺术》（敦煌研究院，1994）介绍的是重点洞窟，把窟内全景、每一个壁面情况，图像细节一一展开。《敦煌石窟全集》（二十六卷本，敦煌研究院，2002）则采用题材分类的方式，如"法华经画卷""阿弥陀经画卷"等。可见，画册的编排从早期的"时代风格"到单个石窟的全面介绍再到单个图像题材的梳理，满足研究者不同方面的需要。但是，以画册带动宗教美术研究是存在问题的，巫鸿早在《实物的回归：美术的历史物质性》一文中即已提出虽然摄影技术为研究提供了便利，但"我们为这种便利所付出的代价，是那些僧侣和朝圣者在黑黢黢的洞室中面对缥缈恍惚的宗教偶像，幻想美好来世的情境"。（巫鸿，2007：10-18）

巫鸿所强调的观者，即是宗教人类学中强调的参与者，这部分人群是必不可少的观察对象。巫鸿将这一观察对象挪用到古代，利用宗教艺术作品构建这些艺术品的观看者，从而营造出一个较为完整的人类学研究对象。

预设古代观者的视角来研究宗教美术，突出表现在一篇著名的论文《何为变相？——兼论敦煌壁画与敦煌文学间的关系》（1992）之中。这篇文章一方面通过实例解释了敦煌经变画与敦煌藏经洞出土变文之间的关系；另一方面利用图像与文献展现了两组人物，一组是唐代莫高窟的礼拜者、一组是石窟的设计者。在洞窟之中加入这两组人，巫鸿还原了石窟原有的历史语境，使得整个洞窟的图像具有了礼仪功能。与以往经变画研究中认为经画作为俗讲的辅助工具不同，巫鸿强调的是石窟的空间性，即在这一个幽暗的空间中观者的视野与精神体验，因此石窟中经变画的绘制是为了宗教奉献而并非通俗娱乐活动。用人类学家的视角去"观看"，更有利于对图像的整体把握，而不会像传统美术史学者那样局限于单个图像、题材。

巫鸿关于道教美术的文章也体现了重视"观者"的理念。如《地域考古与对"五斗米道"美术传统的重构》（2000）一文梳理了四川崖墓、钱树、神像的考古发掘状况，借图像讨论了汉代"五斗米道"在四川地区的发展状况。从题材与结论上看，这是一篇偏重于历史学的文章，但是对于信奉"五斗米道"的不同群体，以及这些群体如何看待这些早期道教图像，则是使用了"观看"的视角。特别是这些早期道教图像常常运用在墓葬之中，起到引导升仙之用，所谓的"观者"关注的是他们实际的用途。这些道教图像不完全是宗教礼拜的对象，更像是丧仪中使用的道具。通过对钱树、西王母、密戏图等不同图像的研究，该文揭示出促使图像流行的背后群体的信仰特征。显然"观者"的理念才是巫鸿需要挖掘的重点。从文章整体来看，这种写作安排表现的是"五斗米道"的发展轨迹，但是拆分开来，又是不同时段、不同区域的人类学研究个案。

四　巫鸿之后的美术史写作

从数量来看，巫鸿涉及宗教美术的成果并不算多（近些年侧重点为墓葬美术与当代艺术）。这些成果发表以后，引起了学界对于研究方法的深入思考与讨论，其崭新的视角成为学者特别是年轻学者学习的典范。如在敦煌石窟的研究方面，近年来对于石窟造像、壁画组合、图像背后的义理讨论明显增多。其中较为突出的是台湾学者赖鹏举，在其《敦煌石窟造像思想研究》（赖鹏举，2009）一书中，以单个洞窟的整体性为出发点，探讨石窟图像背后蕴含的佛教义理。《中唐榆林 25 窟密法"毗卢遮那"与佛顶尊系造像的形成》一文，他通过对尊像的组合（主尊卢舍那佛与胁侍八大菩萨）、主尊与南北壁题材（卢舍那佛与阿弥陀经变、弥勒经变）配置的讨论，挖掘出统摄其中的"佛顶尊胜系造像传统"。与巫鸿相比，作为佛教徒的赖鹏举对佛教的义理思想更为熟悉，关注的重点也不尽相同，但是二人都关注"整体研究""重构"等宗教人类学观念。

需要说明的是，不同时段的敦煌石窟有着不同的图像配置与流行主题，并且很多洞窟是由民间集资或者家族营建的，很难说有统一的主题或固定的开窟造像思想。巫鸿的方法在敦煌石窟中多适用于单个洞窟的个案研究，随着学者研究的推进，发现密教主题的洞窟要遵循固定的仪轨，图像配置较为固定，采用"整体研究"的思路更为契合。如郭祐孟的《敦煌密教石窟主尊的毗卢遮那性格——以莫高窟14窟图像结构为主的分析》（郭祐孟，2004：31-53）、赵晓星的《莫高窟第361窟与周边中唐洞窟之关系》（赵晓星，2013：22-30）等文章，均在洞窟图像结构上有深入讨论。

在对其他佛教艺术遗迹的研究中，也有学者在努力探索"图像程序"与空间构造。如任平山的博士学位论文《克孜尔中心柱窟的图像构成——以兜率天说法图为中心》（任平山，2007），讨论了克孜尔龟兹型洞窟中右绕礼佛的图像程序与说一切有部经典的对应关系。日本学者久野美树的《龙门石窟擂鼓台南洞、中洞试论》（久野美树，2009：7-15），认为擂鼓台南洞表现的是《梵网经》的世界观，而南洞、中洞的营造，都与武周时高僧法藏的宗教实践相关。再如廖旸的《瞿昙寺瞿昙殿图像程序溯源》（廖旸，2012：96-121），分析了青海瞿昙寺殿内双五部图像对置与善财童子五十三参图相结合的图像程序。这些文章延续了巫鸿的方法，对佛教美术的材料进行考察，从而丰富了宗教美术研究的内涵。

宗教人类学的方法还广泛运用于对墓葬美术的研究，如李瑞哲的《对"图像程序"的重新认识——入华粟特石质葬具所表现出的共同主题》（李瑞哲，2015：126-134），讨论了粟特石棺床上的图像构成以及体现出的琐罗亚斯德教的丧葬观念。郑以墨的《微缩的空间——五代、宋墓葬中仿木构建筑构件的比例与观看视角》（郑以墨，2011：32-41），从墓葬中建筑结构的观看方式入手，研究了墓葬中的观者视角与预设的特定观看方位。在与信仰相关的艺术之外，人类学的方法还运用在卷轴画研究中，如柯律格（Graig Clunos）用"'分形'关联个性"（"fractal"，contextual personhood）的理论来解释文人画为什么以仿照历代大师的风格为尚。（Craig Clunas，2002：251）由此可见，人类学的方法已经渗透到中国美术史研究的各个角落，根据材料的不同，适用不同的方法，显示出了美术史研究的交融性。

结 语

总之，巫鸿将宗教人类学的方法引入美术史的研究，利用历史文献材料和文物、美术作品进行宗教仪式或者"观看"方式的还原，考察在具体文化语境之下，美术作品背后的宗教现象。巫鸿之后，学者们在图像学、人类学、考古学、历史文献学的方法交融上做出多种尝试，结合不同的材料，分析、阐明不同的问题，在加强艺术史研究的同时，也拓展了宗教学研究的领域。

参考文献

中文

敦煌文物研究所编《中国石窟·敦煌莫高窟》，北京文物出版社、〔日〕平凡社，1989。

敦煌研究院编《敦煌石窟艺术》，江苏美术出版社，1994。

敦煌研究院主编《敦煌石窟全集》，商务印书馆，2002。

〔美〕方闻著，谈晟广编《中国艺术史九讲》，上海书画出版社，2016。

郭祐孟：《敦煌密教石窟主尊的毗卢遮那性格——以莫高窟14窟图像结构为主的分析》，郑炳林主编《佛教艺术与文化国际学术研讨会论文集》，三秦出版社，2004。

姜永帅：《古代美术研究与中国美术史书写——评巫鸿的〈中国古代艺术与建筑中的"纪念碑性"〉》，《艺术生活——福州大学厦门工艺美术学院学报》2013年第2期。

〔日〕久野美树：《龙门石窟擂鼓台南洞、中洞试论》，李茹、赵声良译，《敦煌研究》2009年第3期。

赖鹏举：《敦煌石窟造像思想研究》，文物出版社，2009。

李翎：《关于巫鸿〈纪念性〉一书方法论的分析》，《美苑》2002年第1期。

刘晓达：《概念、视角、叙述与古代中国墓葬美术史书写——巫鸿 The Art of the Yellow Springs：Understanding Chinese Tombs 评述》，《广东第二师范学院学报》2012年第1期。

李佩玲：《方法打败理论　细节决定方向——浅谈巫鸿的中国美术史研究方法》，《大众文艺》2013年第5期。

李润权：《张光直教授的学术成就》，《中原文物》2002年第2期。

廖旸：《瞿昙寺瞿昙殿图像程序溯源》，《故宫博物院院刊》2012年第5期。

李瑞哲：《对"图像程序"的重新认识——入华粟特石质葬具所表现出的共同主

题》，《敦煌学辑刊》2015 年第 1 期。

潘卓、吴新蕊：《多重证据法在艺术考古中的体现——以巫鸿对武梁祠的研究为例》，《产业与科技论坛》2016 年第 15 卷第 14 期。

任平山：《克孜尔中心柱窟的图像构成——以兜率天说法图为中心》，中央美术学院博士学位论文，2007。

〔美〕巫鸿：《礼仪中的美术——巫鸿中国古代美术史文编》，郑岩等译，生活·读书·新知三联书店，2005。

〔美〕巫鸿：《武梁祠：中国古代画像艺术的思想性》，柳扬、岑河译，生活·读书·新知三联书店，2006。

〔美〕巫鸿：《美术史十议》，生活·读书·新知三联书店，2008.

〔美〕巫鸿：《中国古代艺术与建筑中的纪念碑性》，郑岩、李清泉译，上海人民出版社，2009。

〔美〕巫鸿：《时空中的美术——巫鸿中国古代美术史文编二集》，梅枚译，生活·读书·新知三联书店，2009。

〔美〕巫鸿：《重屏：中国绘画中的媒材与再现》，文丹译，上海人民出版社，2009。

〔美〕巫鸿：《黄泉下的美术：宏观中国古代墓葬》，施杰译，生活·读书·新知三联书店，2010。

〔美〕巫鸿：《废墟的故事：中国美术和视觉文化这中的"在场"与"缺席"》，肖铁译，上海人民出版社，2012。

〔美〕巫鸿、李清泉：《宝山辽墓：材料与释读》，上海书画出版社，2013。

〔美〕巫鸿主编《汉唐之间的宗教艺术与考古》，文物出版社，2000。

〔美〕巫鸿主编《汉唐之间文化艺术的互动与交融》，文物出版社，2001。

〔美〕巫鸿主编《汉唐之间的视觉文化与物质文化》，文物出版社，2003。

〔美〕巫鸿、郑岩主编《古代墓葬美术研究》（第 1 辑），文物出版社，2011。

〔美〕巫鸿、朱青生、郑岩主编《古代墓葬美术研究》（第 2 辑），湖南美术出版社，2013。

〔美〕巫鸿、朱青生、郑岩主编《古代墓葬美术研究》（第 3 辑），湖南美术出版社，2015。

〔美〕巫鸿：《实物的回归：美术的"历史物质性"》，《读书》2007 年第 5 期。

吴文洁：《巫鸿〈武梁祠——中国古代画像艺术的思想性〉一书研究方法分析》，《美与时代》2013 年第 11 期。

〔美〕张光直：《从中国古史谈社会科学与现代化》（1986），《考古人类学随笔》，台湾联经出版公司，1995（初版）。

庄孔韶主编《人类学通论》，山西教育出版社，2004。

中国美术全集编委会：《中国美术全集·敦煌壁画》，上海人民美术出版社，1989。

中国壁画全集编委会：《中国壁画分类全集·敦煌莫高窟》，天津美术出版社，1992。

郑炳林主编《佛教艺术与文化国际学术研讨会论文集》，三秦出版社，2004。

赵晓星：《莫高窟第 361 窟与周边中唐洞窟之关系》，《敦煌研究》2013 年第 5 期。

郑以墨：《微缩的空间——五代、宋墓葬中仿木构建筑构件的比例与观看视角》，《美术研究》2011 年第 1 期。

英文

Clunas，Craig

2002："*Commodity and Context：The Work of Wen Zhengming in the Late-Ming Art Market*，" in Interational Conference on the History of Painting in East Asia.

图书在版编目（CIP）数据

宗教人类学. 第八辑 / 陈进国主编. -- 北京：社
会科学文献出版社，2023.4
ISBN 978-7-5228-1830-6

Ⅰ.①宗…　Ⅱ.①陈…　Ⅲ.①宗教学-人类学-丛刊
Ⅳ.①B920-55

中国国家版本馆 CIP 数据核字（2023）第 089249 号

宗教人类学（第八辑）

主　　编 / 陈进国
执行主编 / 王超文

出 版 人 / 王利民
组稿编辑 / 宋月华
责任编辑 / 孙美子　刘　丹
责任印制 / 王京美

出　　版 / 社会科学文献出版社·人文分社（010）59367215
　　　　　地址：北京市北三环中路甲 29 号院华龙大厦　邮编：100029
　　　　　网址：www.ssap.com.cn
发　　行 / 社会科学文献出版社（010）59367028
印　　装 / 三河市东方印刷有限公司

规　　格 / 开 本：787mm×1092mm　1/16
　　　　　印 张：13　字 数：208 千字
版　　次 / 2023 年 4 月第 1 版　2023 年 4 月第 1 次印刷
书　　号 / ISBN 978-7-5228-1830-6
定　　价 / 148.00 元

读者服务电话：4008918866